Milena Moser

Schlampenyoga

Milena Moser

Schlampenyoga

oder Wo geht's hier zur Erleuchtung?

Karl Blessing Verlag

Abbildungsnachweis:
Alle Fotos © Thomas Kern, San Francisco

Der Karl Blessing Verlag ist ein Unternehmen der
Verlagsgruppe Random House GmbH.

3. Auflage

Umschlaggestaltung: Hauptmann und Kampa Werbeagentur, München/Zürich
Satz: Uhl + Massopust, Aalen
Dieses Buch wurde auf holz- und säurefreiem Papier gedruckt,
geliefert von Salzer Papier GmbH, St. Pölden.
Das Papier wurde aus chlorfrei gebleichtem Zellstoff
hergestellt und ist alterungsbeständig.
Druck und Bindung: GGP Media GmbH, Pößneck
Printed in Germany
ISBN 3-89667-278-9

www.blessing-verlag.de

Für meine Yoga-Lehrerinnen:
Alice »forever« Joanou, Rosmarie Merian,
Edina Monsoon und Laura Guglielmetti.

WASH
PIZZA &
PARKING
MON. WED. FRI.
STREET CLEANING

Inhalt

Die Sonne lässt grüßen
oder Vom Couch-Potato zur Yogini

Mit der Sonne aufstehen, das verschlafene Gesicht dem Dämmerlicht entgegenstrecken, wie eine Blume. Surya-Namaskara, der Sonnengruß: einatmen, mit den Händen nach dem Himmel greifen, ausatmen, den Fußboden berühren – oder nicht –, einatmen, Ausfallschritt in die Sprinter-am-Start-Position, ausatmen, zum Boden sinken wie ein Brett, einatmen, aufrichten, ausatmen, Po in die Luft recken wie ein gähnender Hund, einatmen, das Bein wieder nach vorn ziehen, ausatmen, das andere Bein nachziehen, einatmen, die Arme zur Decke heben…

Und so – oder anders – weiter und immer weiter. Sonnengrüße lassen sich endlos neu kombinieren. Je nach Lust und Laune – oder Sonnenstand – kann man denselben Ablauf meditativ wiederholen oder andere Stellungen einbauen.

Der Sonnengruß ist eine geniale Yoga-Kurzform, die viele Stellungen vereint:

Die Bewegung folgt dem Atem, der Körper wird ausgiebig gedehnt, alle Glieder sanft geweckt. Er kommt dem natürlichen Bedürfnis nach, sich nach dem Aufwachen erst mal zu recken und zu strecken. Der Körper wird angeworfen wie ein hustender Automotor. Selbst wenn er erstmal protestierend ächzt und kracht, wer-

den ihn die vertrauten Bewegungsabfolgen bald überlistet haben.

Die Sonne grüßt, man grüßt zurück, alles andere wäre schließlich unhöflich. Die meisten Yoga-Stunden beginnen deshalb mit Sonnengrüßen, so wie die meisten Tage. Auch wenn der Gedanke an endlose Yoga-Stunden abschreckt: Einen Sonnengruß kriegt man immer hin... oder zwei... oder drei... Es gibt sogar Klassen, in denen nur die Sonne gegrüßt wird, hundertachtmal hintereinander. Das geht dann allerdings nicht mehr als Schlampenyoga durch!

Yoga, dachte ich oft, könnte man vielleicht mal versuchen. Jahrelang blieb es bei dem Gedanken. Ich war ein bekennender Couch-Potato und stolz darauf. Menschen, die Sport trieben, verachtete ich als oberflächlich, und ich schrieb lustige Kolumnen über die Kunst, sich auf den Rücken zu legen und plötzlich aufkommenden Bewegungsdrang ganz einfach vorüberziehen zu lassen.

Das war natürlich ein klassischer Fall von sauren Trauben: Zehn Schuljahre lang wurde ich in den Turnstunden ausgelacht, stand bei Ballspielen in der Ecke, simulierte vor Sportveranstaltungen Bauchweh. Ich sehe mich auf der roten Tartanbahn laufen wie in Zeitlupe, wie durch eine zähe Schleimsuppe, den Turnlehrer die Arme verwerfen. Ich sehe mich an der Kletterstange baumeln wie ein Faultier, das aus einem schönen Traum zu früh erwacht ist. Ich sehe einen Ball auf mich zufliegen, erst klein dann immer größer, immer runder, und mich mitten ins Gesicht treffen, die Lippe platzt – na, Gott sei Dank, diese Turnstunde kann abgebrochen werden.

Ich lebte in meinem Kopf: Da war es schön, da kannte ich mich aus, kam zurecht, da war die Welt voller Farben. Mein Körper hingegen war mir im Weg, mit seinen langen Gliedern, den großen Füßen, über die ich immer wieder stolperte, mit seinem zu langen Rücken, dem zu kurzen Bein, der verdrehten Wirbelsäule, mit seiner allgemeinen Schräglage. Trotzdem kam ich eigentlich ganz gut über die Runden, wurde manchmal sogar für athletisch oder fit gehalten, ganz einfach, weil ich trotz meiner täglichen Tafel Schokolade nie dick war.

Doch mit einem Mal meldete sich der Rücken ab – mit einem hörbaren Knacken wie ein wütend auf den Apparat geschmissener Telefonhörer. Tagelang schob ich mich auf einen Stuhl gestützt durch die Wohnung, hangelte mich an einem Seil aus dem Bett.

»Beugen Sie sich bitte mal vor«, forderte mich der Arzt auf. Meine Fingerspitzen waren meilenweit vom Fußboden entfernt. Er schnalzte missbilligend mit der Zunge und sagte: »Sie müssen sich halt bewegen.« Dann befahl er: »Krafttraining!« Konnte Sport, konnte Bewegung egal welcher Art wirklich schlimmer sein als diese Schmerzen?

Ich löste, um meinen guten Willen vor allem auch mir selbst zu beweisen, gleich ein Jahresabonnement in einem Fitnesscenter, das nur wenig mehr kostete als ein Flug um die ganze Welt – und sich als eine ebenso sinnvolle Ausgabe herausstellen sollte. Schon in der Garderobe war klar, dass dies kein Platz für eine bekennende Schlampe war, die sich tapfer gegen sämtliche gerade vorherrschenden Idealvorstellungen stellte. Sagte ich tapfer? In Wahrheit war es wohl eher Faulheit. Ich konnte die Energie, die es kosten würde, diesen Idealen auch nur annähernd gerecht zu werden, einfach nicht aufbringen.

So trat ich das Probetraining in Leopardenleggins an, die die Achtzigerjahre nur als Pyjama überlebt hatten, in Plastik-Flipflops (Turnschuhe – was ist das?) und mit einem dicken Buch ausgerüstet – ich kann doch auf diesen Maschinen gut ein bisschen lesen, dachte ich, man liegt da ja hauptsächlich. Die Atmosphäre in der Garderobe war eisig – wie immer, wenn man in Zürich die falschen Schuhe trägt. Stählerne Damen in Fitnesstrikots, die wie aufgemalt auf ihren Kinderkörpern saßen, striegelten ihre Haare zu windschnittigen Frisuren, legten bräunliches Sport-Makeup auf und schossen über den Spiegel Blicke mit Pfeilspitzen ab. Schlurfschlappen und Blubberbäuche waren hier nicht erwünscht. Um in diesem Fitnessstudio bestehen zu können, musste man fitter sein, als es meine genetische Anlage je zulassen würde.

Ich ließ die Probelektion sausen und das teure Abonnement ungenutzt. Zum seelischen und finanziellen Ausgleich schrieb ich eine böse Geschichte über eine Schlampe, die eine eiserne Sportlerin unter einer Hantelmaschine ersticken lässt. Technisch ist das gar nicht möglich, aber das konnte ich ja nicht wissen, da ich aus dem Fitnesstempel geflohen war, bevor ich diese oder sonst eine Muskelmaschine aus der Nähe studieren konnte…

Trotz fehlenden Trainings erholte sich mein Rücken langsam, und dann knickte er wieder ein, erholte sich und knickte ein.

So ging das ein paar Jahre lang. Und immer wieder kam mir der Gedanke an Yoga. Yoga, Sie wissen schon: hinlegen, tief durchatmen, entspannen. Gut für den Rücken, da waren sich die Experten einig, und garantiert nicht anstrengend.

Ich kaufte mir erst einmal ein Video mit Ali McGraw – der Schönen aus *Love Story* – in einem schneeweißen Trikot in der texanischen Sandwüste. Ein dicklicher Yoga-Lehrer mit langem Haar und nasaler Stimme ermunterte die Zuschauer, doch bitte ganz sie selbst zu sein. Und sich nicht aufzuregen, wenn man in der Baumstellung (welche immerhin auf nur einem Bein stehend ausgeführt wird) schwanke – Bäume schwankten schließlich auch. Im Wind.

Das Yoga-Video gefiel mir. Ich schaute es mir bestimmt drei- oder viermal an – immer von der sicheren Couch aus.

Ein paar Jahre später zog ich nach San Francisco, wo es an jeder Straßenecke ein Yoga-Studio gab, und täglich schienen neue aus dem Boden zu sprießen wie Morcheln nach einem Waldbrand. Jetzt aber, dachte ich, jetzt aber wirklich. Ich schaute sie mir im Vorbeigehen an. Von außen. Ich konnte mich nicht entscheiden, konnte mich nicht aufraffen. Dann kaufte ich mir ein Yoga-Buch und las es von der ersten bis zur letzten Seite. Auf der Couch liegend.

Eines Tages ging ich die 24th Street entlang, eine bunte Einkaufsmeile mit mexikanischen Bäckereien, Geschäfte mit religiösem Ramsch, Reisebüros, Wahrsagerinnen, Schnapsläden, üppigen Gemüseständen, Cafés und Kleintheatern. Es ist eine Straße, die in ständigem Wandel begriffen ist, und an jenem Tag fiel mir eine frisch gestrichene, rosa Fassade auf, im Schaufenster ein Elefantengott und ein Schild: Ahimsa-Yoga.

Yoga-Studios vermehren sich in San Francisco wie an anderen Orten Starbucks-Filialen. Sie sind nicht ganz so schick wie die angesagten Studios in New York und Los Angeles, kommen seltener in die Schlagzeilen: Es gibt ja auch kaum Topmodels oder Hollywoodstars, die ein bisschen Glamour reinbringen könnten, nur immer neue Generationen von ernsthaften, eifrigen Menschen, die es gut meinen. Dafür ist Yoga in San Francisco beständiger als in den cooleren Großstädten, es ist nie ganz untergegangen, als total out verschrien oder von Step-Aerobics verdrängt worden.

Ich versuchte, durch die Metallgitter zu sehen, die in diesem Viertel die Schaufenster schützen. Nichts. Yoga, dachte ich, müsste man wirklich mal versuchen. In einem Kasten steckten bunte Karten, ich fischte eine heraus, aber statt eines Stundenplans fand sich da nur ein Gebet auf Sanskrit mit blumiger englischer Übersetzung und auf der anderen Seite noch ein Elefantengott. Auch gut. Ich ging weiter.

»He warte!« Ich drehte mich um. Eine kleine Frau mit kurz geschorenem Haar rannte hinter mir her. Sie trug eine viel zu große Latzhose über einem bunt gemusterten langärmligen T-Shirt und hatte einen dieser litergroßen Kaffeebecher in der Hand. Als sie näher kam, erkannte ich, dass ihre T-Shirt-Ärmel in Wirklichkeit Tätowierungen waren.

»Willst du Yoga machen?«, fragte sie etwas zu eifrig.

»Äh...« Was sollte ich sagen? Ich hielt ihre Karte ja noch in der Hand.

»Komm mit, ich zeig dir mein Studio.« Sie schloss das Eisengitter auf, schaltete das Licht ein. Ein nicht besonders großer Raum, durch zwei Säulen unterbrochen, grauer Spannteppich, hinter einem Vorhang eine Ecke zum Umkleiden.

Die kleine Frau stand mitten im Raum und breitete die Arme aus. »Das ist es!« Sie strahlte vor Begeisterung.

»Schön«, sagte ich. »Super.«

»Dann seh ich dich also morgen. Neun Uhr dreißig.«

Am nächsten Morgen hatte ich siebenundvierzig Gründe, nicht hinzugehen, doch ich zog einen Pyjama an, der auch als Trainingsanzug durchgehen konnte, packte eine Banane ein, falls mich auf dem gut fünf Minuten langen Fußmarsch der Hunger überwältigen sollte, und ging die 24th Street hinauf. Ich merkte mir die Abfolge der Läden, der Querstraßen, merkte mir die Typen an den Straßenecken, die Schulkinder, die im Zickzack durch die Massen rannten. Ich hatte an diesem ersten Morgen schon ein besonderes Gefühl, als gehörte dieses kurze Stück Straße um Viertel nach neun nur mir.

Ich dachte an Jindra, die in einer türkischen Diskothek Bauchtänzerinnen gesehen hatte und sofort wusste: Das ist es. Das ist das Richtige für mich. Am nächsten Tag meldete sie sich zum Anfängerkurs an, den sie innerhalb eines Jahres übernahm. Ich habe mir diese Geschichte immer wieder erzählen lassen, fasziniert weniger von Jindras rasanten Fortschritten als von dieser plötzlichen und so absoluten Gewissheit: Das ist das Richtige für mich. Das wollte ich auch. Vielleicht ist es Yoga, dachte ich. Vielleicht würde es heute passieren. Ich würde meine Bestimmung finden. Ich würde im Yoga aufgehen. Ankommen.

Das Gegenteil war der Fall.

Um neun Uhr dreißig hatten sich außer mir noch fünf oder sechs andere Schüler eingefunden, die alle ähnlich flächendeckend tätowiert waren und originelle Yoga-Kostüme trugen: in Streifen geschnittene Jeans über schwarzen Leggins, durchsichtige Pluderhosen auf nackter Haut, Kopftücher, Hüte, Nietenarmbänder, winzige Badehosen, neonfarbene Trikots mit Leopardenflecken. Sie rollten ihre Matten auf dem Teppichboden aus und warfen sich sofort in gefährlich aussehende Verrenkungen. Das Studio war für mein Gefühl überheizt. Schweißgeruch hing in der Luft. Ich überlegte mir einen Augenblick lang, nach Hause zu gehen, ich konnte ja

Menschen, denen man im Yoga-Studio begegnet:

Die **Streberin,** die hektisch nach links und rechts schielt, ob wirklich niemand das Bein so hoch kriegt wie sie.
Der **sensible Junge**, der unaufgefordert und ausgiebig von seinen Wehwehchen berichtet.
Der **Besserwisser**, der mit lauter Stimme jede Anweisung der Lehrerin infrage stellt.
Das **Yoga-Groupie,** das im winzigen Trikot in der ersten Reihe steht und zu jeder Anweisung leise wissend lacht, als handle es sich um eine private Anspielung.
Der **All-you-can-eat-Yogi,** der jeden Tag zwei Klassen völlig unterschiedlicher Richtungen besucht, damit ihm vom kalten Yoga-Buffet ja kein Happen entgeht.
Die **Indien-Rückkehrer**, die sich mit ihren Krankheits- und Käfergeschichten gegenseitig übertreffen.
Die **Hypochondra,** die die Stunde unterbricht, um einen Vortrag über ihre Duftempfindlichkeit zu halten und zu verlangen, dass die Idiotin mit dem Chanel-Haarduft-Spray Ashram-Verbot kriegt.
Der **Stöhner**, der die Stellungen mit orgastischen Seufzern begleitet.
Das **trotzige Muskelpaket,** das nur seiner Freundin zuliebe mitgekommen ist – wie anstrengend kann dieser Weiberkram denn noch sein?
Der **verirrte Couch-Potato**, am leicht glasigen Blick zu erkennen.

auch morgen wiederkommen – oder nächste Woche. Doch da hatte sie mich schon entdeckt, die kleine Frau von gestern: Alice Joanou, Yoga-Lehrerin extraordinaire.

»Zieh deine Schuhe aus«, sagte sie. »Nimm dir eine Matte.« Und sie wies mir einen Platz ganz vorn zu.

Ich war in einer Ashtanga-Yoga-Stunde gelandet, in der die aus sechsundachtzig Stellungen bestehende, so genannte komplette erste Serie geübt wurde. In dieser ersten Serie wird eine erschreckende Anzahl Stellungen in schneller Folge absolviert und mit Luftsprüngen und Liegestützen miteinander verbunden. Das dauert eineinhalb bis zwei Stunden. Ich war nach zehn Minuten schon außer Atem und schweißgebadet. Ich zitterte, meine Arme und Beine schmerzten, ich beugte mich nach vorn – und dann wurde mir schwarz vor Augen.

»Schwindlig?«, fragte Alice. »Das ist normal. Spart mir ein Vermögen an illegalen Drogen …«

Haha.

Ich streckte im tapferen Krieger die Arme aus, und sie zitterten wie Wetterfahnen im Wind, ich sah auf meine Arme, als gehörten sie jemand anderem. Ich schielte nach der versteckten Kamera: ätsch, reingefallen!

Was war mit hinlegen, tief durchatmen, entspannen, bitte schön? Das kam erst ganz zum Schluss: Shavasana, die Totenstellung. »Man übt, tot zu sein«, sagte Alice. Übt? Ich war mit ziemlicher Sicherheit wirklich tot.

Am nächsten Tag wachte ich auf und konnte mich nicht bewegen. Nicht im Bett umdrehen. Nicht den Arm ausstrecken, um den Wecker auszuschalten. Ich hatte Muskelkater an Stellen, wo ich niemals Muskeln vermutet hätte. Zwischen den Rippen. Unter den Armen. In den Kniekehlen. An den Fußsohlen.

»Ich hätte, ehrlich gesagt, nicht gedacht, dass du wiederkommst«, sagte Alice am übernächsten Morgen um neun Uhr dreißig.

Ich auch nicht. Doch ich war hooked, angefixt. Vielleicht gerade weil die Übungen so anstrengend waren, so schnell aufeinander folgten, dass ich gezwungen war, mich voll und ganz auf sie zu konzentrieren. Das waren die einzigen neunzig Minuten in meinem Tag, in denen ich mich ganz auf eine Sache einlassen konnte, in denen die sieben parallel laufenden Tonspuren in meinem Kopf verstummten.

Und so war es anfangs wieder mein Kopf, und nicht mein Körper, der im Yoga aufging. Der Körper war empört. Aber der Kopf, der Kopf atmete auf!

Ohne es zu wissen hatte ich in dieser ersten Stunde das erste Yoga-Sutra erfahren: Yogash chitta-vritti-nirodhah – das Glattstreichen der hektischen Hirnwellen. Das ist Yoga.

Wie ein Blatt im Wind
oder Die tägliche Schlampen-Balance

Einer dieser unerträglich geduldigen, sanften amerikanischen Yoga-Lehrer, die man am liebsten schütteln oder schubsen würde, sagte einmal, als hätte er meine Gedanken erraten: »Es geht nicht darum, wie gut du auf einem Bein stehen kannst. Es geht darum, ob du über dich selbst lachen kannst, wenn du aus der Stellung fällst.«

Balance lässt sich nicht wirklich erlernen – an manchen Tagen hat man sie, an anderen nicht. Was gestern leicht fiel, ist heute unmöglich. Deshalb ist das Stehen auf einem Bein der meistgehasste Teil jeder Yoga-Stunde. Ein Stöhnen geht durch die Reihe, wenn die Lehrerin Flamingo spielt. Warum? Weil man meint, man müsse »es« hinkriegen.

Balance-Übungen machen erst richtig Spaß, wenn man keinen Gedanken an das Gelingen verschwendet. Wenn man sie als Gradmesser fürs Befinden benutzt: Wie geht's mir denn heute? Hoppla, na ja!, und dann entsprechend nett mit sich umgeht. Wenn ich morgens schon siebenmal den gefällten Baum praktiziert habe, haut es mich vielleicht nicht um, wenn zwei Stunden später auf einem aggressiv blinkenden und heulenden Motorrad ein Polizist mit gezücktem Strafzettelblock hinter mir auftaucht. Und wenn ich trotzdem in Trä-

nen ausbreche, weil ich die Versicherungskarte nicht finde und stattdessen ein Korkenzieher aus dem Handschuhfach fällt, weiß wenigstens ein Teil von mir: Ach ja, das ist einfach wieder mal so ein Tag.

Das heißt nicht, dass ich morgen nicht doch ein Flamingo sein kann. Oder ein Baum. Oder warum nicht gleich ein tanzender Gott…

»Sie sind doch die Mutter der Schlampenbewegung«, sagte die nette Dame vom Fernsehen, »nun sagen Sie mal, wer gehört denn sonst noch so dazu?«

Auf diese Frage gab ich grundsätzlich keine Antwort. Seit Erscheinen des *Schlampenbuches* nicht mehr, das mir diese zweifelhafte Ehre verschafft hatte. Plötzlich kamen erzürnte Anrufe, beleidigte Briefe – vor allem nachdem eine Zeitung getitelt hatte: »Milena Moser sagt: Alle Frauen sind Schlampen!«

Meine Nummer stand im Telefonbuch. Meine Adresse auch. Das war bisher nie ein Problem gewesen. Nur einmal, nach Erscheinen der *Putzfraueninsel*, rief mich eine ältere Dame an, um mir aus ihrem Leben als Putzfrau im Fürstenpalast von Monaco zu erzählen. Obwohl ich die Hintergrundgeräusche zu erkennen glaubte, so hallte es doch in den Fluren der nahen psychiatrischen Klinik, konnte ich es mir nicht verkneifen, mich nach Prinzessin Stefanies Befinden zu erkundigen. »Ja, das Steffi«, sagte sie, »das Steffi hat es wirklich nicht leicht.«

Es waren immer ältere Damen, die wegen des *Schlampenbuches* anriefen, eine Weile lang täglich, immer höflich und zu den in der Schweiz üblichen Telefonzeiten, nach den Mittagsnachrichten und vor dem Zubereiten des Abendessens. Die Anruferinnen waren nie amüsiert. »Sprechen Sie für sich selbst, junges Fräulein«, riefen sie. »Ich muss doch schon sehr bitten! Ich bin jedenfalls ganz bestimmt keine Schlampe. Und meine Freundin auch nicht.«

Eines Morgens standen sogar zwei freundliche Damen mit Osterglockensträußen am Gartentor und boten mir ihre Hilfe an, um Gott zu finden. Nicht, dass ich einen verloren hätte.

Was hatte ich getan? War Schlampe denn nicht ein Kosewort, ein zärtlicher Ausdruck für eine vertraute Freundin?

Als kleines Mädchen verbrachte ich viel Zeit bei Frau Fischer nebenan, die ich zärtlich Fischi nannte und die nach genauem Wochenplan ihr Haus putzte. Sie trug dazu eine Halbschürze, in deren Tasche sie eine Rolle Pfefferminzbonbons versteckte. Mit jeder vollbrachten Tat verdiente ich mir eines: Betten lüften, Betten machen, abstauben, Teppiche ausklopfen… Nur beim Bügeln durfte ich ihr nicht helfen. Im Keller stand ihre Bügelmaschine, oder eher eine Mangel, glühende, gegeneinander laufende Rollen, die die Laken fraßen, mit denen Fischi sie fütterte, und die vermutlich auch ein kleines Kind ganz verschlingen konnten.

So eine Maschine wünschte ich mir damals. Und so ein Leben wie das von Fischi. Die Ordnung gefiel mir, die absolute Vorhersehbarkeit des Alltags: Am Donnerstag werden die Fenster im unteren Stock geputzt, komme, was wolle.

Gleich nebenan, wo ich wohnte, regierte hingegen *das Werk*, das unberechenbare und kaum zu befriedigende, das mein Vater hinter schalldichten Türen produzierte. Und dem wir uns alle unterzuordnen hatten. Uns Kindern fiel das etwas leichter: Wir wichen aus. Doch meiner Mutter blieb es vorbehalten, eine fruchtbare Umgebung für *das Werk* zu schaffen und es gleichzeitig von allen äußeren Anfechtungen zu schützen. Und Geld zu verdienen, Künstlerfreunde zu bewirten, für uns Kinder zu sorgen, den Haushalt am Laufen zu halten. Denn wir lebten nicht in einer Künstlerkommune, sondern in einem idyllischen Dorf in der Nähe Zürichs, mit Doppelhäusern und grünen Gärten. Klare Verhältnisse überall, so schien es mir wenigstens. Außer bei uns, wo sich die Welten mischten. Wo meine Mutter gleich mit zwei Rollen jonglieren musste: Künstlergattin und Hausfrau. Dass meine Mutter nicht glücklich war, war mir früh klar.

Eines Tages kam ich nach Hause und fand meine Mutter auf dem Kopf stehend vor. In ihren Straßenkleidern, mit einem Rollkragenpullover und grünen Stretchhosen bekleidet, auf einer dicken, gestreiften Schaumgummimatte, die wir sonst zum Picknick ausbreiteten. Von da an fuhr sie manchmal vor dem Abendessen mit einer Freundin zu einem Yoga-Kurs in die Stadt. Ein- oder zweimal nahm sie mich mit, aus berechtigter Verzweiflung vermutlich über meinen Mangel an Koordination, der zu immer neuen Unfällen führte. Lauter Erwachsene in einer Turnhalle, in der dieser typische Turnhallengeruch hing, mit dem ich nur Ungutes verband. Ich sehe noch meine Füße, hoch über mir schwebend im Pflug, weit vom Boden entfernt, und höre den Yoga-Lehrer seufzen.

Und dann danach die Kinder aus der Nachbarschaft. Im Halbkreis hatten sie sich vor mir aufgebaut wie kleine Cowboys zu High Noon. Die Straße endete in einer Schleife, unsere Häuser waren die letzten, die noch zum Dorf gehörten. Wir Kinder spielten oft draußen, eine altersgemischte Horde, bei der ich einen eher unsicheren Stand hatte – irgendwie rutschte mir immer etwas Falsches heraus, wie zum Beispiel: »Ich war eben grad im Yoga.«

»Im Yoga??«

»So doof!!«

»Was ist das, Selbstverteidigung?«

»Kannst du auch brauchen, Selbstverteidigung!«

Gelächter. Der Halbkreis schloss sich drohend. Ich musste mir etwas einfallen lassen. Davonlaufen konnte ich nicht, das wussten sie, ich war zu langsam. Glücklicherweise kamen in diesem Moment die Väter von der Arbeit, langsam von der Bahnstation die Straße hinauf, mit abgewetzten braunen Ledermappen und schief sitzenden Krawatten. Die Kinder stoben auseinander: Hände waschen, Abendessen, der Vater ist da!

Diese Kinder hatten Mütter, die belegte Brote und Schokoladenriegel zu Pyramiden aufeinander schichteten und pünktlich um vier damit ins Spielzimmer kamen, die Bastelmaterial in sauber beschrifteten Schachteln aufbewahrten: Perlen und Schnüre, Knöpfe und Leim. Mütter, die mit einer Nadel durchs Haus rannten, die vom Kindergeburtstag übrig gebliebenen Luftballons zum Platzen brachten und dabei »Genug! Genug!« schrien. Mütter, die plötzlich »zur Erholung« fuhren, die aber gar nicht erholt aussahen, wenn sie nach langen Wochen zurückkehrten, blass und aufgedunsen. Langsam dämmerte mir, dass diese *normalen* Frauen, die ich so bewunderte, auch nicht glücklicher waren als meine Mutter.

Allmählich wurde mir mulmig. Das Leben einer erwachsenen Frau schien mir in erster Linie aus Auflagen zu bestehen, aus Vorstellungen, die es zu erfüllen, aus Bildern, denen es gerecht zu werden galt. Und von denen ein Modell so unmöglich war wie das andere: Da war die traditionelle

Zehn sichere Zeichen, dass Sie auch eine Schlampe sind:

1. Sie stocken Ihre Hausapotheke bei Sprüngli auf.
2. Ihr liebstes Möbelstück ist die Couch.
3. Sie unterhalten sich mit den Menschen auf Ihrem Fernsehbildschirm.
4. Von Ihrem Fußboden kann man nicht nur essen, man kann sich sogar mehrere Gänge zusammenstellen.
5. Sie lassen sich die Zehennägel von Ihrem Vierjährigen lackieren und nennen das Resultat Rasenmäher-Punk.
6. Sie stehen auf der schwarzen Liste der Gesellschaft zum Schutz der gemeinen Topfpflanze.
7. Jeder Taxifahrer der Stadt kennt Sie – und weiß, dass er erst mal Ihren Pass / Ihre Handtasche / Ihre Sonnenbrille / Ihren Hausschlüssel suchen helfen muss, bevor er losfahren kann.
8. Sie trinken vor achtzehn Uhr keinen Alkohol.
9. Irgendwo auf der Welt ist es bestimmt gerade achtzehn Uhr.
10. Sie lieben Ihre Freundinnen wie sich selbst.

Hausfrau und Mutter, deren Aufgabe sich nur mit der von Sisyphos vergleichen lässt – wenn Sisyphos vierzehn Felsblöcke gleichzeitig jongliert hätte. Und da war meine Mutter, die im Wesentlichen dieselbe Aufgabe hatte, aber sie so versteckt ausführen musste, dass mein Vater nicht in den Verdacht der Verbürgerlichung geriet.

Inspiriert von französischen Filmen hielt ich mich als

Teenager erst mal an das Ideal vom *intensiven* Leben, das ich mir mit meinen Freundinnen ausmalte, während wir in der Schulcafeteria saßen, Kette rauchten und nachdenklich an unseren Haarspitzen schnipselten. Je schlechter wir uns fühlten, je tiefer wir uns fallen ließen, desto intensiver glaubten wir zu leben. Notfalls halfen wir der Intensität etwas nach. Wozu gab es denn Rasierklingen? Männer mit Schnurrbärten?

Aus diesen schwarz-weißen Jungmädchenträumen riss uns unsanft die Superfrau, die wie aus dem Nichts auftauchte und uns steile Karrieren abverlangte, muskulöse Beine, Schulterpolster und eine flinke Fertigkeit im Sushi-Rollen. Wer von uns in den Achtzigerjahren nicht an Erschöpfung einging, bekam Kinder und entdeckte ganz neue Möglichkeiten der Kasteiung: Wie, deine Kleine spricht noch gar nicht? Nicht mal eine einzige Sprache? Ja, hast du sie etwa weinen lassen, mit Dosengemüse gefüttert, hast du am Ende während der Schwangerschaft unschöne Gedanken gehabt? Also wirklich! Da hilft jetzt nur noch Früh-Französisch und Schwimmen im mutterbauchwarmen Pool. Dienstags und donnerstags.

Wir träumten von weiß bezogenen Betten und ungestörtem Schlaf und hassten uns auch dafür noch: Fällt uns denn wirklich nichts Weltbewegenderes ein? Könnte man nicht wenigstens die endgültige Zellulitiskur erfinden und nebenbei ein paar Zillionen verdienen?

»Les belles images«, zitierte meine Mutter Simone de Beauvoir.

Daran scheitern wir alle. Nur die Schlampe nicht, denn sie will gar keinem denkbaren Ideal gerecht werden. Sie ist sich gut genug.

Die Schlampe kommt stets mindestens einen halben Tag zu spät. »Wie findest du meine Frisur«, ruft sie auf ihre zerrupften Haare deutend, »hat nur acht Euro gekostet.« Ihre Kleider sind immer etwas zu eng, denn sie könnte ja jeden Moment fünf Kilo abnehmen. Sie steht manchmal ein bisschen schief in der Landschaft, aber mit offenen Armen. Und sie lässt ihre Einkäufe fallen, um einen herzhaft an sich zu ziehen – hoppla, ein Dutzend Eier, eine Flasche Olivenöl… Die Schlampe fällt im Alltag gar nicht auf, allerhöchstens durch ihr breites Lachen, okay, manchmal mit einem Lippenstiftfleck auf dem Schneidezahn. Was die Schlampe ausmacht, ist ihre fröhliche Gelassenheit.

Deshalb lieben wir sie. Deshalb ist sie unser Vorbild. Auch und vor allem in der Yoga-Stunde, wenn sie als Einzige haltlos kichernd aus der Kerze stürzt und über die Matte rollt, nachdem in der heiligen meditativen Stille ein feiner Furz zu hören war – was in jeder Yoga-Stunde passiert und höflich ignoriert wird, außer natürlich von unserer Freundin, der Schlampe.

Eitle Krähe
oder Eine Anfängerin im Yoga-Honeymoon

Ashtanga-Yoga wirkt auf den ersten Blick oft wie ein Zirkusakt: Der Körper wird anscheinend schwerelos herumgeschwenkt, die ausgestreckten Beine nach hinten, über die Schultern, nach vorn geschleudert, zwischen den Armen hindurch, auf die sich alles stützt. Anfängern bleibt der Mund offen stehen, Fortgeschrittene werden arrogant.

»Ich zeig euch mal ein paar coole Tricks, mit denen ihr eure Freunde beeindrucken könnt«, versprach eine so genannte Yoga-Lehrerin. Tatsächlich kommt es immer wieder vor, dass sich auf einer Dinnerparty zwischen Salat und Grillfleisch plötzlich jemand in die Stellung mit dem passenden Namen Pfau stemmt, den Oberkörper auf die Ellbogen gestützt, die haarigen Beine in den zu großen Shorts hinter sich weggespreizt, wie Pfauenfedern, nur weniger schön. Das Geheimnis der überlisteten Schwerkraft erklärt sich nicht (nur) durch eine halbwegs entwickelte Armmuskulatur, sondern durch den Einsatz der Bandhas – das Anspannen der Kraftzentren im Beckenboden (Mula-Bandha) und im unteren Bauch (Uddiyana-Bandha). Da schlummern gehörige Kraftreserven, die, einmal mobilisiert, das scheinbar Unmögliche möglich machen, vom aufrechten Gang bis zum Vorführen dieser Zirkuskapriolen.

Hat man dieses Geheimnis erst einmal entdeckt, wird man auch schon übermütig. An manchen Tagen, wenn es mir gelingt, mich in das Bakasana, den Kranich, zu stemmen, furchtlos, die Arme durchgestreckt, die Knie in die Achselhöhlen gepresst, die Füße in der Luft, fühle ich mich unbesiegbar. Wie meine Freundin Patty, eine Pilotin, die beim Rechtsüberholen auf der Autobahn verächtlich ruft: »Du denkst wohl, Autofahren *sei cool?* Ich *kann ein* Flugzeug fliegen!*«, bilde ich mir an manchen Tagen ein, es fehlte nicht mehr viel und ich könnte fliegen. Ich kann direkt fühlen, wie sich meine Schulterblätter spreizen und mein Uddiyana-Bandha Motor spielt. An anderen Tagen lande ich selbstverständlich mit der Nase voran auf dem Parkett. Und Patty vor dem Verkehrsgericht.*

Die Flitterwochen dauerten beinahe ein Jahr. Jeden zweiten Tag, komme was wolle, marschierte ich die 24th Street hinunter zum Yoga-Studio. Nach ein paar Monaten traute ich mich schon kürzere und weniger schlabberige Turnhosen-Pyjamas zu tragen und diese den ganzen Tag nicht auszuziehen. Ich legte mir meine eigene Yoga-Matte zu, die nach der Stunde zusammengerollt und mit einem roten Band verschnürt wurde. Mein Name stand auf dem Band. Ich gehörte dazu.

Ich war schätzungsweise fünfzehn Jahre älter als alle anderen und als Einzige in der Klasse völlig untrainiert. Umringt von gelenkigen Yoga-Cheerleadern war ich ganz auf mich allein gestellt. Es fiel mir (Gott sei Dank) gar nicht erst ein, mich mit den anderen zu vergleichen – mein Selbsterhaltungstrieb muss doch stärker ausgebildet sein, als ich dachte. Stattdessen konzentrierte ich mich ganz auf meine eigenen erstaunlichen Fortschritte. Bald schon berührten meine Fingerspitzen den Fußboden, dann stellte ich fest, dass Alice keine Witze machte, wenn sie den Hund als Stellung zum Ausruhen bezeichnete – meine Arme hörten auf zu zittern.

Als ich die erste Serie auswendig kannte, wurde ich zum Mysore-Training zugelassen, das traditionell frühmorgens stattfindet, von Alice aber bis zehn verlängert wurde, damit ich erst meine Kinder zur Schule bringen konnte. Im Mysore-Training übt jeder nach seinem eigenen Rhythmus, ohne Anweisung der Lehrerin, die stattdessen von Schüler zu Schüler geht, die Stellungen kontrolliert, ab und zu eine Hand auflegt, eine Variante vorschlägt. Durch den immer gleich bleibenden Ablauf der Übungen wird der müde oder ungeschickte oder steife Körper überlistet. Nach den ersten Sonnengrüßen findet er seinen Rhythmus und gleitet automatisch von einer Stellung in die nächste. Es wird nicht gesprochen, nicht nach links und rechts geschaut. Nur das tiefe regelmäßige Keuchen des Ujjayi-Atems ist zu hören.

Egal, wie ich mich fühlte, egal, was an jenem Morgen anstand – sobald ich den warmen, meist schon etwas stickigen Raum betrat, dieses konzentrierte Atmen hörte, meinen Platz suchte und meine Matte ausrollte, fiel alles andere von mir ab.

Mein Körper veränderte sich. Nicht, dass ich nun etwa ein Kilo abgenommen oder muskulöse Arme wie Madonna entwickelt oder gar einen dieser oft versprochenen und nie erreichten Yoga-Pos bekommen hätte. Nein, ich bewegte mich anders. Mein Körper bestand nicht länger aus sinnlos am Hals befestigten Baumelgliedern – mein Körper gehorchte mir, gehörte mir.

Klar wurde mir das, als ich wieder einmal mit dem Giant Dipper fuhr.

Der Giant Dipper am Beach Boardwalk in Santa Cruz ist eine über siebzig Jahre alte Holzachterbahn mit nur einer steilen Abfahrt und einem langen Aufstieg. Unerträglich langsam tuckerte das Wägelchen in den strahlend blauen Himmel hinauf, tief unter mir Menschen, die Eis aßen, der helle Sand, das Meer. Jedes Mal wollte ich in genau diesem Moment den ganzen Zug anhalten und aussteigen: »Halt, ich hab's mir anders überlegt! Ich will hier raaaaauuuuuus!« Und dann stürzte sich der ganze Wagenzug todesmutig in die Tiefe, ich riss den Mund auf, schrie aus vollem Hals. Das war der Augenblick, in dem die automatische Kamera ein Bild schoss, und auf dieses Bild wartete ich dann, heiser vom Schreien und erlöst wie immer nach der Achterbahnfahrt, die mir irgendwann die Psychotherapie ersetzt hatte. Ich stützte mich mit beiden Händen auf die Schranke hinter mir und stemmte mich hoch, setzte mich auf die oberste Planke, ohne nachzudenken, ohne mich zu fragen, ob ich das kann und ob mein Körper mir gehorchen wird.

Das kannte ich nun gar nicht. Das war neu, das war Yoga.

Ich bewegte mich anders, und ich bewegte mich anders durchs Leben: Nicht immer auf die nächste Katastrophe gefasst. Ich bewegte mich gelassen, als gehörte es mir, mein Leben. Nicht nur diese eineinhalb Stunden am Morgen, nein, das ganze Leben – Katastrophen inbegriffen.

Ich war begeistert.

Yoga über alles! Ich kaufte Regale voller Yoga-Bücher, aber eigentlich hörte ich nur auf Alice. Mit religiösem Eifer verschlang ich die dicken Stapel fotokopierter Artikel, die sie jede Woche auslegte. Ich setzte mich in den Zirkel, der sich nach den Stunden zu ihren Füßen bildete und hörte andächtig zu, wenn sie die Yoga-Sutras auslegte oder die Yamas und die Niyamas erklärte. Sie saß unter einem Bild von Sri Krishnamacharya, dem freundlich blickenden Guru, der 1989 im Alter von hundertein Jahren gestorben war und der sein Herz zum Stillstand bringen konnte. Mit dieser Technik überzeugte er eine Gruppe französischer – oder britischer – Wissenschaftler von der Wirkung des Yoga. Wow!

Gierig stürzte ich mich auf diese Anekdoten, verschlang sie, warf sie auf einen unordentlichen Haufen irgendwo in meinem Kopf. Auf jede Frage hatte ich genau eine Antwort, für jedes Problem genau eine Lösung: Yoga musst du machen! Aber nicht irgendein Yoga, nein, das gleiche wie ich, das Yoga von Alice, das einzig richtige! Du musst auch was von der Philosophie mitkriegen, verstehst du, Yoga ist schließlich nicht Turnen!

Auch wenn es oft nicht so aussah in diesen körperlich schlauchenden Ashtanga-Lektionen, doch gerade in Hippie Central San Francisco wurde immer noch großer Wert auf den spirituellen Aspekt von Yoga gelegt.

Yoga kommt von der Sanskritwurzel yuj (verbinden) und ist mit dem deutschen Wort Joch verwandt. Es bedeutet Anschirrung, Vereinigung, Verbindung zu Gott. Auch wenn »die Erwähnung von Gott viele Menschen stört«, wie T.K.V. Desikachar sagt, ist Yoga keine Religion, sondern ein philosophisches System, das zu allen Überzeugungen passt. Yoga ist eine Methode, mit deren Hilfe man sein Leben in eine bestimmte Richtung lenkt, einen bestimmten Geisteszustand erreicht, eine Verbindung zu einer höheren Macht herstellt – oder zu sich selbst. Die Yoga-Sutras – eine der wesentlichen Yoga-Schriften, ein in Aphorismen gehaltener

Leitfaden, verfasst vor rund zweitausend Jahren – sind da sehr offen. Als Desikachar in den Sechzigerjahren anfing, von seinem Vater Krishnamacharya Yoga zu lernen, war seine einzige Bedingung: nichts über Gott hören zu müssen. Und bei dem ersten Studium der Yoga-Sutras, das beinahe sechs Jahre dauerte, hielt sich Krishnamacharya an diese Abmachung.

»Wer nicht an Gott denken will, denke an die Sonne«, sagte Krishnamacharya immer. »Und wer nicht an die Sonne denken will, denke an seine Eltern.«

Mit letzterem Vorschlag stach er bei seinen westlichen Schülern natürlich in ein ganz schönes Wespennest, aber das ist noch mal ein anderes Thema. Es geht eigentlich nur um das Prinzip, eine höhere Instanz anzuerkennen, von etwas Wichtigerem als der eigenen Person auszugehen. Egal, was das ist.

»Können wir nicht auch mal in die Kirche gehen?«, fragte mich mein Sohn Lino eines Tages, nachdem er ein paar Mal mit seinem Kumpel Terry und dessen Eltern mitgegangen war.

»Möchtest du das denn?«, fragte ich, ach so unverbindlich und politisch korrekt.

»Ja«, sagte er, »es ist cool, du lernst gute Leute kennen, und es gibt immer jede Menge Food.« Während ich noch überlegte, ob ich es wirklich über mich bringen könnte, auch am Sonntag den Wecker zu stellen, und wenn ja, welche Kirche wir besuchen würden – die Obdachlosenkirche? Die Kirche von John Coltrane? Die Regenbogenkirche? Die Kirche von Sharon Stone? –, fuhr er fort: »Das Einzige, was mich stört, ist das ständige Gerede über Gott.«

Für mich ist es umgekehrt: Ich glaube nicht an die Kirche,

aber an Gott. Das war für meine Eltern, überzeugte Atheisten, nicht ganz einfach. Meine Mutter erzählt heute noch, wie sie mir auf meinen dringlichen Wunsch eine illustrierte Kinderbibel gekauft hatte und sich dann die schockierten Kommentare der Künstlerkollegen meines Vaters gefallen lassen musste. Ich war also on my own. Doch eine unserer Nachbarinnen, Frau Glaser, unterrichtete an der Sonntagsschule, und so setzte ich mich sonntagmorgens um Viertel vor neun an den Straßenrand, bis der knatternde, knallblaue Opel Kadett voller Kinder vorfuhr und mich auflas. Ich liebte die Sonntagsschule – liebte die Geschichten. Ich hatte eine blühende Fantasie: Jedes Wort wandelte sich in meinem Kopf zu einem Bild, zu einem Film, ich hörte nicht zu, ich lebte mit. Und es waren tolle Geschichten: die Sintflut, das Rote Meer, Moses im Körbchen, Manna vom Himmel. Ich konnte nicht genug davon kriegen.

Mit elf wollte ich mich taufen lassen, ich suchte mir einen Paten und eine Patin aus und verbrachte einige Stunden damit, den Pfarrer davon zu überzeugen, dass es mir nicht nur um zwei Geschenke mehr zu Weihnachten und zum Geburtstag ging. Ich wollte einfach dazugehören: In dem Dorf, in dem ich aufgewachsen bin, gab es nur Katholiken und Reformierte – Katholen, Rossbollen, reformiert, die Hosen verschmiert! Der Religionsunterricht wurde in getrennten Gruppen abgehalten und ich, die ich weder noch war, nach Hause geschickt.

Ich wurde also getauft und gehörte kurze vier Jahre lang dazu – bis ich mit fünfzehn die Konfirmation verweigerte und aus der Kirche austrat. Ich hatte nicht nur die Nase voll vom Konfirmationsunterricht, da für das Böse schlechthin immer ein Deutscher herhalten musste – wahlweise ein Nazi oder ein Kommunist, allenfalls einmal ein Russe, aber bestimmt nie ein Schweizer. Das stieß mir schwer auf, ich war ja mit einem deutschen Vater und Mitschülern, die »Nazischwein!« hinter mir hergebrüllt hatten, aufgewachsen. Sondern ich hatte auch (in den Frühlingsferien, auf Kreta, was den Effekt vielleicht verstärkte) Nikos Kazantzakis' *Griechische Passion* gelesen. Darin schildert er ein Dorf, in dem sich während der ein Jahr andauernden Proben zum Passionsspiel Schlag auf Schlag die Passionsgeschichte wiederholt. Das Buch beeindruckte mich so, wie es nur eine Fünfzehnjährige beeindrucken kann, und mir war unwiderruflich klar, dass die Kirche nie wirklich das sein würde, was sie sein sollte. Nicht solange es darin Macht- und Ordensträger gab. Außerdem war mir bewusst geworden, dass ich nicht an Jesus glaubte, und das schloss mich, da stimmte mir sogar der Pfarrer zu, von der Zugehörigkeit zu einer christlichen Kirche aus.

Seither pflege ich meinen eigenen Glauben: Gott ist für mich einfach eine Präsenz. Deshalb hatte ich keine Mühe mit der Erwähnung Gottes in den Yoga-Sutras, und deshalb schoss ich gleich auch noch weit über das Ziel hinaus und vermischte Hinduismus und Yoga – obwohl ich theoretisch wusste, dass es nicht ein und dasselbe ist, ja, dass Hinduismus und Yoga nicht einmal zusammengehören.

Das Klo im Ahimsa-Yoga-Studio war mit knallbunten Bildern von indischen Göttern tapeziert. Und bald schon hängte ich mir Amulette mit elefantenköpfigen Ganeshas, Durgas und mehrarmigen Shivas um den Hals und stellte Statuen zu Hause auf. In meiner kritiklosen Begeisterung für alles Indische wählte ich neuerdings, wenn ich keine Lust zum Kochen hatte, die Nummer vom Bombay Garden statt der vom Pizza Palace.

»Namasté«, sagte ich zum Kellner, wie ich es in der Yoga-Stunde gelernt hatte. »Das Göttliche in mir verneigt sich vor dem Göttlichen in dir. Ich hätte gern vier Samosas, einmal Chicken Tikka Masala, ein Saag Paneer...« Dass Namasté mit Yoga eigentlich nichts zu tun hat, sondern einfach die indische Version von »Hallo, wie geht's?« ist, kapierte ich erst sehr viel später.

Ich führte mich auf, als hätte ich Yoga erfunden. Ich fühlte mich unverwundbar. Ich wurde arrogant. Ich dachte, ich kann das! Für eine kurze Zeit war das ein gutes Gefühl, weil ich sonst nicht wirklich etwas konnte und schon gar nichts Körperliches. »No offense«, sagte mein Sohn, als ich zum zehnten Mal das Frisbee an mir vorbeifliegen ließ, »aber du bist einfach nicht besonders sportlich, was?«, um dann gnädig hinzuzufügen: »Abgesehen von Yoga natürlich.«

Ich war zu einem dieser unerträglichen Menschen geworden, die sich auf Dinnerpartys dazu überreden lassen, ein Yoga-Kunststück vorzuführen. Doch kurz bevor ich meine letzten treuen Freunde vergrault hatte, hatte ich meinen ersten Yoga-Unfall – auf einem Geburtstagsfest, während um mich herum Torte gegessen wurde.

Yoga-Unfall? Bei Gott, das gibt es. Und ich dachte immer, Yoga sei gesund! Nicht, wenn man es als Leistungssport betreibt. Nicht, wenn man meint, damit angeben zu müssen. Beim Versuch, die Beine zwischen den Armen hindurch nach vorn zu schwenken, so schwerelos, so mühelos, wie Alice es immer vormachte, schlug mein Fuß gegen den Perserteppich, knickte nach hinten ab. Ein Geräusch, wie wenn eine Champagnerflasche zu schnell geöffnet wird. Ich hatte mir eine Zehe gebrochen – eine blödere Verletzung gibt es wohl nicht.

Yoga-Floskeln, die garantiert jeden nerven:

»Ach, was habe ich heute wieder Umweltgifte ausgeschwemmt!«

»Kannst du deine Drishti bitte von meinem Ausschnitt nehmen?«

»Du, da musst du dich jetzt einfach durchatmen.«

»Hast du es schon mit dem Neti-Topf versucht?«

»Weißt du, dass deine Chakras ganz durcheinander sind?«

»Ich kann keine Beziehung mit jemandem eingehen, der noch in der ersten Serie ist, das musst du schon verstehen.«

»Du hast wohl gerade wieder deine Mondtage?«

»Deine Schultern sind aber auch nicht gerade offen. Was sitzt da wohl fest?«

»Lass mich mal deinen Bandha fühlen.«

Selber schuld. Ich hatte mir die Geschichte von Krishnamacharya auch nie zu Ende angehört: Er weigerte sich nämlich, seinen Schülern und auch seinem Sohn T.K.V. Desikachar beizubringen, wie man das Schlagen des Herzens einstellen kann, weil er zum Schluss gekommen war, dass diese Technik keinen anderen Zweck erfüllte, als Aufsehen zu erregen. »Und das«, sagte er, »ist nicht der Sinn der Sache.«

Was dann? Mit einer gebrochenen Zehe konnte ich erst mal gar nichts machen.

Ich geriet in Panik: Würde ich wieder verlieren, was ich gelernt hatte? War das das Ende?

Sitzen bleiben, weiteratmen.

»Nein«, sagte Alice. »Jetzt fängt es erst richtig an.«

Der tägliche Schlampenspagat *oder* Der Lehrer offenbart sich, wenn der Schüler bereit ist

Mit dem Spagat kann man mich jagen. Vermutlich ein Trauma aus Teenagertagen, hervorgerufen durch eine Übermacht zierlicher, gelenkiger Mitschülerinnen mit gespreizten Ballerina-Entenfüßen, die sich in jeder freien Minute in den Spagat sinken ließen, wenn sie ihn nicht gleich gegen die Wand ausführten. So standen sie wie Gummipuppen, ein Bein hochgeklappt, lässig weiterrauchend, redend, als ob nichts wäre. Kein Wunder, dass ich mich mit meinen fast Einsachtzig immer wie das Nilpferd inmitten zierlicher weißer Putzvögelchen fühlte.

Wenn ich gewusst hätte, dass es auch einen Yoga-Spagat gibt, Hanumanasana nämlich, hätte ich vermutlich gleich abgewinkt. Doch wenigstens steckt eine schöne Geschichte dahinter: Der Affe Hanuman war ein Diener des Königssohns Rama. Als dessen geliebte Frau Sita entführt wurde, machte sich der treue Affe auf die Suche und fand sie schließlich in Sri Lanka. Mutig setzte er zum großen Sprung an: Mit einem Fuß auf dem Festland und einem auf der Insel gelang es ihm, die Prinzessin zu sprechen und damit ihre Befreiung zu ermöglichen.

Der Yoga-Spagat ist ein Bild für das blinde Vertrauen, das man manchmal einfach aufbringen muss.

Wenn man vor einer Entscheidung steht wie vor einer Straßenkreuzung in Kairo, vor sich den tosenden Verkehr, das ohrenbetäubende Gehupe, und es bleibt einem nichts anderes übrig, als sich mit geschlossenen Augen todesmutig der Blechlawine in den Weg zu werfen.

Oder: »Mach, was du willst, aber ich springe«, sagt der entflohene Häftling auf der Klippe zu dem, der an ihn gekettet ist und noch zögert.

Das ist Hanuman. Der fliegende Affengott.

Ich kriege meine Füße nicht weit genug auseinander, um Weltmeere zu überspringen oder Prinzessinnen zu retten, aber mit dem Spagat, oder mit dem bescheidenen Versuch eines Spagats, hat mich diese Geschichte ausgesöhnt.

Mitten in einer Yoga-Stunde fing ich an zu weinen. Die Tränen liefen einfach aus meinen Augen, als hätte man einen Hahn aufgedreht. Sie rannen noch über mein Gesicht und in kleinen Bächen an meinem Hals entlang, als ich am Ende der Stunde im Shavasana auf der Matte lag. In der Stille der Entspannung im stickigen Studio bildete ich mir ein, das Aufschlagen der Tränentropfen wie Gongschläge hallen zu hören.

Zu meiner großen Erleichterung ignorierte mich Alice, ebenso wie die anderen eher selbstbezogenen Schüler. Ich konnte einfach nicht aufhören, fuhr wie durch strömenden Regen nach Hause, und war dabei nicht einmal traurig. Minutenlang stand ich vor Klein's Delicatessen im Halteverbot, bis die Tränen endlich nachließen und ich hineingehen und meinen rituellen Post-Yoga-Mandelgipfel holen konnte.

Jetzt ist es passiert, dachte ich, jetzt hab ich endgültig den Verstand verloren. Das hatte ja früher oder später passieren müssen!

»Keine Angst, das kommt nur von den Rückenübungen«, sagte Alice, als sie eine Stunde später vor meiner Tür stand – just checking. »Die können einen schon mal umhauen.«

Seit ungefähr eineinhalb Jahren besuchte ich jeden zweiten Tag ihr Studio. Oft setzte ich mich nach der Stunde an den Rand des lockeren Halbkreises, der sich um Alice bildete. Schüler fragten sie um Rat, schilderten körperliche Probleme, Schmerzen, machten Stellungen vor, es wurde über durchreisende Yoga-Lehrer geklatscht oder Workshop-Erfahrungen ausgetauscht. Ich mischte mich nie ein, hörte nur zu und versuchte zu verstehen. Viele Schüler kannten einander, kannten Alice, hatten zusammen geübt, als Ashtanga-Yoga nur von ein paar wenigen Verrückten in obskuren Wohngemeinschaftszimmern praktiziert wurde. Alice schien mir erleuchtet, und das, obwohl sie ihren messerscharfen Humor am liebsten gegen sich selbst wandte, obwohl sie keinen Hehl aus ihrer Vergangenheit als Alkoholikerin, Drogensüchtige und ausgebuchte Domina machte. Ich übte unter ihrem Blick und ging davon aus, dass sie etwas sah, das mir verborgen blieb. Gierig schnappte ich die vereinzelten Bemerkungen auf, die wie an mich gerichtet schienen, kaute auf ihnen herum, deutete sie und deutete sie um wie erste Liebesbriefe. Sie hatte doch sicherlich mich gemeint, als sie von der Balance redete, die man nicht erzwingen kann. Bestimmt hat sie gesehen, wie hilflos mein Baum im Wind schwankte, bestimmt weiß sie, woher dieser Mangel an Standfestigkeit kommt.

Und bestimmt wird sie mich davon erlösen. Sie hat es in der Hand, mich zu heilen. Davon war ich überzeugt.

Dass sie plötzlich vor meiner Tür stand, überforderte mich allerdings etwas. Es fiel mir nichts anderes ein, als: »Willst du einen Kaffee? Ich mach grad welchen.« Trinken Yoga-Lehrerinnen überhaupt Kaffee?

Diese ja, und sie rauchte dazu eine selbst gedrehte Zigarette.

»Magst du auch eine?«

»Klar.« Ich hatte zwar kurz zuvor wieder einmal mit dem Rauchen aufgehört, aber meiner Yoga-Lehrerin konnte ich doch keine abschlagen. Schon gar nicht, wenn ich an die daraus zu schöpfende Party-Anekdote dachte: Wie meine Yoga-Lehrerin mich wieder zum Rauchen angestiftet hat.

Freunde macht man sich nicht, man hat sie schon, überall auf der Welt – man muss sie nur kennen lernen.

Und das war einer dieser magischen Momente: Wir redeten und lachten, bis das Telefon klingelte und die Schulleiterin wissen wollte, ob ich meine Kinder heute noch abzuholen gedachte. Wir hatten einen ganzen Tag zu Staub zerredet. Dabei hatte ich eine Freundin gewonnen – und eine Lehrerin verloren. Bei aller Erleichterung, in diesem fremden, fremden Land eine Vertraute gefunden zu haben, gab es mir auch einen kleinen Stich, als mir klar wurde, was das bedeutete: Sie ist wie du. Sie ist nicht erleuchtet. Keine Heilige.

Sie wird dich auch nicht erlösen.

T.K.V. Desikachar betont die Wichtigkeit der Beziehung zwischen Lehrer und Schüler immer wieder: »Sie können einen sehr gesunden Körper haben, einen sehr schönen Körper, sie können berühmt sein und viel Geld verdienen, Sie können alle Sutras auswendig kennen und die Gelehrten herausfordern – doch wenn Sie nicht einem Lehrer verbunden sind, ist das alles nichts wert. Ein wahrer Lehrer verspricht nichts und erwartet nichts. Er gibt Anweisungen, aber macht nicht abhängig. Man muss auch ohne den Lehrer leben können. Das Ziel ist Unabhängigkeit. Man muss sich in der Gegenwart des Lehrers wohl fühlen, er darf einen nicht einschüchtern. Der Lehrer gibt einem die Kraft, die einem fehlt, um aus einem Loch herauszukommen. Er sollte verfügbar sein, Zeit für einen haben. Es ist auch die Aufgabe des Lehrers, die Fehler der Schüler zu absorbieren, er sollte ihnen helfen, Fehler nicht zu wiederholen. Das ist seine Verantwortung. Was man von einem Lehrer lernt, hängt mehr von einem selbst ab als vom Lehrer. Was man von ihm will, entscheidet darüber, was man von ihm lernt. In der Yoga-Stunde muss es immer um den Schüler gehen. Nicht um den Lehrer.«

Kann man das von einem gelenkigen jungen Menschen, der gerade für gut 2500 Dollar ein Yoga-Lehrer-Diplom erstanden hat und vor Stolz darauf beinahe platzt, wirklich erwarten?

Vor ein paar Jahren lief ein unsäglich schlechter Film im Kino, in dem Madonna eine Yoga-Lehrerin darstellt. Er hieß *The Next Best Thing* oder so ähnlich. Madonna hatte wie in jedem Film dieses etwas gehemmte, schiefe Lächeln um die Mundwinkel, das sagt: Ich weiß, dass ich nur spiele. Und das nicht einmal gut.

Doch bei diesem Film vertraute sie nicht nur auf ihr Lächeln, sie sicherte sich richtig ab: Sie hatte sich von der gesamten kalifornischen Ashtanga-Yoga-Szene beraten und unterstützen lassen, zum Beispiel in der weltbewegenden Frage, ob eine Yoga-Lehrerin die Zehennägel lackieren würde, und wenn ja, ob hellblauer Glitter akzeptabel sei. Um jede denkbare Kritik im Keim zu ersticken, wurden alle, die in dieser Szene Rang und Namen hatten, vorsichtshalber gleich als Statisten engagiert. Das war clever, und es funktionierte. Wer sich selbst auf der Leinwand sieht, wer sagen kann, er habe in einem Hollywoodschinken mitgespielt und mit Madonna in der Kantine Sprossen gegessen, der wird nicht kleinlich sein und zum Beispiel darauf hinweisen, dass dieser an sich harmlose Film erst durch die etwas erzwungene Verbindung zu Yoga zu einem verstörenden Monument der Eitelkeit und des Egoismus wird. Denn darin wird eine Yoga-Lehrerin im Martinirausch schwanger, sie zwingt ihren schwulen besten Freund, die Vaterrolle zu übernehmen, was er vorbildlich tut, bis sie nach sechs oder sieben Jahren einen Besseren, sprich Heterosexuellen findet, der aber am anderen Ende dieses sehr großen Landes lebt. Pech für den besten Freund, Pech für das Kind: Madonna nimmt sich, wie gehabt, was Madonna gerade will.

Diese reizende Hauptfigur war übrigens laut Drehbuch Friseuse – nur weil Madonna so »auf Yoga steht«, wurde das geändert. Viele Einstellungen zeigen sie in schwierigen Posen, die sie vorbildlich ausführt.

Macht sie das allein schon zur Yoga-Lehrerin? Würde sich eine Yoga-Lehrerin so benehmen? So ungeniert und unverdrossen Tag für Tag jede moralische oder philosophische Grundlage von Yoga mit Füßen treten? Darüber hat sich jedenfalls niemand beschwert. Der Nagellack war auch total authentisch.

Auch indische Lehrer sind meist nicht für ihre Feinfühligkeit bekannt. Claude, ein großer, dünner Mann, saß im Lotus, als sein Guru, ein stämmiger Inder, auf seine Beine kletterte, um die Knie zum Boden zu zwingen. Beide Kniescheiben brachen unter dem Gewicht. Claude musste ausgeflogen und mehrmals operiert werden. Zwei Jahre später kam er zurück in den Ashram. »Guruji«, sagte er, »geben Sie mir noch eine Chance!«

Die Beziehung zwischen Lehrer und Schüler ist eine ganz andere als im Westen, und nicht alle Yoga-Schüler sind darauf vorbereitet. Iyengar soll ja seine Schüler sogar schlagen, um ihnen in eine bestimmte Stellung zu helfen, so schreibt er zumindest in *Der Baum des Yoga*.

Eine ganze Reihe etablierter europäischer und amerikanischer Lehrer übernimmt die harsche Art der indischen Gurus – die dann allerdings ohne den kulturellen Hintergrund und die gesellschaftliche Verankerung schnell in reine Grausamkeit umschlägt.

Marianne machte eine dreimonatige Yoga-Lehrer-Ausbildung bei einer für ihre Strenge bekannten und bewunderten Lehrerin. Der Kurs kostete fast 10 000 Dollar. Die Schüler hatten den ganzen Tag über, außer im Gruppengespräch, Redeverbot. Sie wurden isoliert, beschimpft, durch endloses Halten der Stellungen körperlich fertig gemacht – alles zu ihrem Besten. »Ich muss euch brechen, damit ich euch neu zusammensetzen kann«, predigte die Lehrerin. Eine Stunde, in der sich nicht mindestens ein Schüler in Tränen auflöste und zitternd am Boden lag, war keine gute Stunde. Als eine der Schülerinnen versuchte, sich die Pulsadern aufzuschneiden und die Lehrerin den nächtlichen Notruf mit einem ungerührten »Da muss sie offenbar was abarbeiten« abwimmelte, hatte Marianne genug. Dass jemand einfach so abreiste – das war für die Gruppe ein Skandal, nicht jedoch die Zusammenbrüche, nicht der Selbstmordversuch.

Übrigens ruft die Lehrerin Marianne heute noch an und fragt sie, ob sie ihr nicht assistieren will. Berühmte Yoga-Lehrer haben nämlich Assistenten, die überfüllte Klassen abschreiten und Stellungen vormachen.

Bei Karmen, einer meiner Yoga-Freundinnen, führte diese fehlende Empathie fast zu ihrem Tod. Sie war mit ihrem Mann nach Indien gereist und verließ diesen bald, um sich an einen Yoga-Musterschüler zu hängen. Zusammen übten sie nach den vier- bis sechsstündigen Kursen im stickigen Ashram noch stundenlang weiter. »Unsere Beziehung bestand nur aus Yoga – er war so fortgeschritten, ich glaube, ich hoffte heimlich, das würde auf mich abfärben!«

Das gute alte Mittelschulprinzip: Wenn ich den coolsten Jungen der Klasse kriege, bin ich selber auch cool. Das überträgt sich wie der Geruch seiner Lederjacke.

Karmen und ihr Superyogi zogen nach New York, wo er bald in einem Promi-Studio anheuerte und Leute wie Christy Turlington und Gwyneth Paltrow unterrichtete. Da konnte Karmen nicht mehr lange mithalten, vor allem nicht, als er zufällig in ihrer Handtasche ein Döschen mit Prozac fand. Karmen hatte ihm verschwiegen, dass sie dieses Medikament seit Jahren nahm – auch, dass sie als junge Frau ein- oder zweimal in eine psychiatrische Klinik eingeliefert worden war. Der Superyogi verzieh ihr. Aber er nahm ihr das Döschen weg. »Wenn du nur richtig Yoga machst, brauchst du das nicht«, sagte er. Drei Tage später wurde Karmen in der U-Bahn-Station von der Polizei aufgegriffen, als sie gefährlich nahe am Rand des Bahnsteigs stand und auf den Fußballen wippte. Über eine Stunde lang.

»Ich fühlte, wie sich diese schwarze Wand auf mich zuschob, unaufhaltsam, sie würde mich erdrücken – ich kannte das Gefühl. Normalerweise rufe ich beim ersten Anzeichen gleich meinen Arzt an. Aber diesmal glaubte ich, es sei meine Schuld: weil ich mein Yoga nicht richtig gemacht hatte.«

»In der Yoga-Stunde muss es um den Schüler gehen, nicht um den Lehrer.« Vielleicht ist das die einzig wirklich brauchbare Messlatte. Vorsicht ist angebracht, wenn sich ein Lehrer zu ernst nimmt, wie der junge Mann, der nach einer recht chaotischen halben Yoga-Stunde endlos aus gescheiten Büchern vorlas und dann verkündete, er sei jeden Abend zwischen sieben und neun in einem Café in der Valencia Street anzutreffen. Dort trinke er einen Chai, lese in seinen Büchern und schreibe seine Gedanken nieder – und wir seien alle willkommen, uns zu ihm zu setzen und ihm dabei zuzuschauen. Wer weiß, vielleicht würde er uns etwas vorlesen, das ihm wichtig erschien, vielleicht entwickle sich gar eine Diskussion. »Und«, er zwinkerte verwegen, »ich sag auch nichts, wenn ihr Koffein konsumiert!«

Was man lernt, hängt davon ab, was man will. Und: Es muss einem wohl sein. Das ergibt doch Sinn. Und ist auch ganz gemäß dem Motto der Schlampe: Wo mir wohl ist, da bleibe ich auch gern ein bisschen länger.

Regel Nummer eins: Wenn ich ständig versucht bin, lauthals zu widersprechen, bin ich in der falschen Yoga-Stunde. Ebenso, wenn ich nach der Stunde geladener bin als vorher.

Regel Nummer zwei: Beim Yoga sollten grundsätzlich keine Rachefantasien und Mordgelüste aufkommen.

Regel Nummer drei: Wenn man sich dem Yoga-Lehrer überlegen fühlt, ist man der falsche Schüler.

T.K.V. Desikachar, der es seinem Vater nicht nachträgt, dass er ihn als Kind in den Lotussitz gefesselt hat, aber selbst einen sehr respektvollen Stil pflegt, hat einmal erzählt, wie er als knapp Siebenundzwanzigjähriger von seinem Vater beauftragt wurde, den beinahe siebzigjährigen Krishnamurti zu unterrichten. Desikachar war verständlicherweise eingeschüchtert, umso mehr, als er Krishnamurti

Yoga-Lehrer, die mit Vorsicht zu genießen sind:

Der **Brutalo**, der unter dem Vorwand, so werde das in Indien auch gemacht, auf einem rumtrampelt – nein, nicht auf der Seele, auf dem Rücken!
Die **Prinzessin**, die lieber selbst übt, sich dabei im Spiegel bestaunt und darüber vergisst, dass sie Schüler hat.
Der **Neuling**, der immer wieder rechts und links verwechselt oder die eine Seite gleich auslässt.
Der **Freestyler**, der sich ganz vom Moment bestimmen lässt und seine Anweisungen ständig ändert.
Jeder, der behauptet, die **Yoga-Weisheit** mit Löffeln gefressen zu haben.
Jeder, der ohne ersichtlichen Grund auf **Englisch** unterrichtet.
Jeder, der sich als **Guru** bezeichnet.

auf Anraten seines Vaters zu einfacheren Stellungen zurückführte.

Trotz des Altersunterschiedes behandelte Krishnamurti Desikachar mit größtem Respekt und befolgte alle seine Anweisungen genau. Er gab ihm nur einen Rat: »Nützen Sie es nicht aus. Werden Sie nicht reich. Werden Sie kein Guru.«

Vergangenes Jahr in einem Zürcher Schaufenster gesehen: T-Shirts mit der Aufschrift »Guru«. In Coca-Cola-Schrift.

Da kannst du dich auf den Kopf stellen *oder* Eine Yoga-Odyssee

Der Kopfstand wird nicht umsonst auch Vater oder gar König aller Asanas genannt: Indra Devi empfiehlt ihn in Yoga – leicht gemacht *»wärmstens allen Leuten, die an Nervosität, Unruhe, Müdigkeit, Schlaflosigkeit, Benommenheit, Angst, schlechter Blutzirkulation, Gedächtnisschwäche, Asthma, Kopfschmerzen, Verstopfung oder Frauenkrankheiten leiden, ferner bei beginnenden Augen- und Nasenleiden und bei allgemeinem Mangel an Energie, Vitalität und Selbstvertrauen«.*

Kurz, der Kopfstand ist für alles gut und auch für das Gegenteil. Deshalb sollte er auch jeden Tag mindestens einmal ausgeführt werden. Auf den Kopf stellen soll man sich nur dann nicht, wenn man als Frau gerade »seine Mondtage« hat, wie es ein politisch überkorrekter, etwas schüchterner Yoga-Lehrer-Jüngling einmal ausdrückte. (Ja, er lebt noch.)

Mir ist das allerdings egal: Ich stelle mich auf den Kopf, wann immer mir danach ist. Der Kopfstand ist für mich das Äquivalent zu einem doppelten Espresso plus drei Sprüngli-Pralinen. Was nicht heißen soll, dass das eine das andere ausschließt… Ich stelle mich auf den Kopf, wenn ich schon fertiger bin als der Tag. Wenn sich meine Gedanken im Kreis drehen. Wenn ich eine andere Perspektive brauche. Wenn ich meine Schlüssel suche. Was habe ich nicht schon alles gefunden, wenn ich meine Welt von unten anschaue! Abgesprungene Knöpfe. Lebenswichtige Legoteile. Die Steuererklärung von 2001. Unglaubliche Ansammlungen von Staub.

Mich.

Und dann schloss Alice ihr Studio. Zur letzten Stunde brachte sie eine Schachtel Doughnuts mit, die die ganze Lektion über unter dem Elefantengott wartete und einige Yoga-Schülerinnen mehr als sonst zum Schwitzen brachte.

»O Gott, o Gott«, jammerte eine, »soll ich wirklich? Soll ich? Die ganze Yoga-Stunde im Eimer, die ganze Arbeit für nichts?«

»Das ist mein Abschiedsgeschenk an dich«, sagte Alice zu ihr. »Dass du einen Doughnut isst und dafür nicht in die Hölle kommst.«

Ich habe ihr bis heute nicht ganz verziehen. Nicht nur, weil ich keine Doughnuts mag.

Was bitte sollte *ich* jetzt tun?

So begann meine Odyssee durch die Yoga-Studios von San Francisco. An Auswahl mangelte es mir nicht: San Francisco hat vermutlich mehr Yoga-Studios per Einwohner als Manhattan Psychoanalytiker.

Als Erstes versuchte ich es mit Hot-Yoga, das in saunagleichen Temperaturen praktiziert wird. Das passte mir gut, da bei mir zu Hause gerade wieder einmal die Heizung ausgefallen war. Im heißen, feuchten Raum werden sechsundzwanzig Stellungen je zweimal ausgeführt, der Lehrer hatte eines dieser Rockstar-Mikrofone angeklipst und feuerte die kleine Truppe lautstark an: »Go for it, go! Go! Go!« Bald war mir klar, warum alle anderen im Bikini angetreten waren.

Schweißüberströmt, blau im Gesicht und nach Luft ringend floh ich in das etwas kühlere Foyer. »Das ist normal«, sagte man mir. »Du gewöhnst dich dran. Komm morgen wieder!«

Am nächsten Tag zog ich mir einen Kapuzenpullover über, kroch auf dem Bauch unter mein Haus in den bezeichnenderweise so genannten crawl space, in dem es von Spinnen wimmelte, und zündete das Pilotlicht an meiner Gasheizung wieder an. Dabei dachte ich an Gasexplosionen und Spinnenbeine. Go, go, go! You can do it, go! Ich brauchte fünfzehn Streichhölzer dazu, aber ich schaffte es.

Gleich um die Ecke hatte eine fesche, rothaarige Chiropraktikerin ein Schild in ihr Wohnzimmerfenster gehängt, auf dem More Mojo! Yoga stand. Mit Mojo war ich vertraut, ich habe schließlich Söhne und alle Austin-Powers-Filme gesehen. More Mojo konnte auf keinen Fall schaden. Die Stunden waren unglaublich billig, die Klassen klein und gemütlich, die Lehrerinnen jung und eifrig. Natürlich fiel ich gleich auf ihre Schmeicheleien herein: »Milena, mach du das mal vor. Milena, komm nach vorn, wo wir dich sehen können.« Und so versuchte ich mich ohne weitere Anleitung am Chakrasana, einem gewagten Purzelbaum rückwärts. Prompt verrenkte ich mir den Nacken – Gott straft sofort, sagten wir als Kinder in solchen Momenten schadenfroh. Zum Glück war die Chiropraktikerin gleich an Ort und Stelle, um den Nacken wieder zu richten. Das kostete dann allerdings ein bisschen mehr.

Jetzt hatte ich erst mal genug von diesem modernen Zeug, ich sehnte mich nach *the real thing*, wie wir hier sagen. Doch was bitte war *the real thing*? In Ermangelung eines besseren Kriteriums suchte ich die älteste Yoga-Schule in San Francisco auf, Integral Yoga im Ashram von Sri Swami Satchidananda, in einer wunderschönen alten Villa an der palmengesäumten Dolores Street. Freundliche Menschen, feierliche Atmosphäre, stille Räume mit dicken Teppichen, indische Namen an den Türen – »Deine Klasse findet heute im Shanti-Zimmer statt«. Herein kam dann eine junge Frau in wallenden weißen Gewändern. Ich fiel vor Schreck gleich aus der ersten Stellung, als dieses engelhafte Wesen den unsterblichen Satz sagte: »Und jetzt klemmt eure Arschbacken zusammen, als würdet ihr dort eine Kreditkarte festhalten!«

Denselben Satz hörte ich später auch von einer ehemaligen Kunstturnerin aus Rumänien, die sich legal in Pretzel umbenannt und in San Francisco eine Yoga-Schule eröffnet hatte.

»Was für einen Stil unterrichtet sie denn?«, fragte ich meine Freunde Jeff-und-Jim, die mich bei ihr einführen wollten – denn eine Einführung brauchte man, vor allem als Frau.

»Wir nennen es Domina-Yoga«, antworteten Jeff-und-Jim ungerührt.

Pretzel war eine winzige, alterslose Schlangenmenschin, die von ihren surrealen Brüsten wie von zwei Heliumballons in den Raum getragen wurde – Brüste, deren Vergrößerung und Verschönerung ein nicht enden wollendes work in progress waren und oft das Thema ihrer Schlussmeditationen bildeten. Aus unerfindlichen Gründen jagte mir dieses faszinierende Gesamtkunstwerk zu viel Angst ein, als dass ich hätte wiederkommen mögen – stattdessen wartete ich manchmal in einem nahen Café auf Jeff-und-Jim, um das Neueste von Pretzel und ihren Brüsten zu hören.

Als ob ich nicht schon verwirrt genug gewesen wäre, suchte ich eines dieser Studios auf, die Alice verächtlich Ben and Jerry's nennt – Sie wissen schon, nach der Eisdielen-Kette, die einunddreißig Geschmacksrichtungen anbietet. Thirtyone-Flavors-Yoga. Der Stundenplan ließ sich auf Tischbreite ausfalten: Hatha-Yoga wurde da angeboten, was streng genommen ja nur der Überbegriff für jede Art von körperlichem Yoga ist. Jede Stunde, in der Asanas und Pranayama, das heißt Stellungen und Atemübungen, ausgeführt werden, ist also Hatha-Yoga. Doch hier gab es auch Ashtanga-Yoga, Ashtanga-Flow, Hatha-Flow, Vinyasa, Vinyasa-Flow, Power-Yoga, Power-Flow, Hot-Power, Hot-Flow, Flow-Flow… Mein Kopf drehte sich, ich musste mich setzen. Die Rezeptionistin – so etwas haben schicke Yoga-Studios – empfahl tiefes Durchatmen und einen Becher Tee zu einem Dollar. Schließlich entschied ich mich für Iyengar-Yoga, da hier besonderer Wert auf richtige Ausführung und Technik gelegt wird, etwas, das bei den schnelleren Varianten, die ich gewohnt war, gern in Vergessenheit gerät.

Die Lehrerin war dünn und hart. Wir nahmen die Arme hoch, bis unsere Fingerspitzen weiß und gefühllos waren. Dann rief sie uns in einen Kreis um einen vor Angst erstarrten Anfänger herum, dessen Arme schon zitterten, und erklärte uns detailliert, warum man die Arme eben genau so nicht hochheben solle. Als Nächstes drohte auch schon der Handstand. »In meiner Stunde macht jeder den Handstand«, erklärte sie. Kneifen würde nicht gelten, es sei denn, man habe seine Periode. Natürlich sagte auch sie nicht Periode, sondern moon days, Mondtage, aber ich wusste, was sie meinte, und hob die Hand. »Ja, ich«, log ich. Ich glaubte einfach nicht, dass dieser brüchige Zweig von Person mich im Notfall auffangen könnte – oder wollte. Sie brachte mir zwei große Kissen, wie stillende Frauen sie benutzen, und bettete mich dazwischen. Und da hatte ich die restlichen fünfundvierzig Minuten zu liegen. Immerhin war diese Probestunde gratis gewesen.

Ein paar Tage später kam ich dann doch noch zu einer Lektion im Iyengar-Stil: Meine Freundin Freddi, Tänzerin und Ballettlehrerin, rief an.

»Du«, sagte sie, »ich muss morgen früh eine Yoga-Stunde übernehmen, kannst du mich kurz einführen? Ich habe ja seit zehn Jahren kein Yoga mehr gemacht …«

Zu Hause im Wohnzimmer ging ich mit ihr die erste Serie des Ashtanga-Yoga durch, während auf dem Herd Bohnen und Reis schmorten, Freddis Leibgericht. Sie kocht immer selbst, wenn sie kommt, und bringt auch alle Zutaten mit, was sie zu meinem liebsten Gast macht.

»Das ist ja brutal!«, befand Freddi, wie gesagt, eine Ballerina, die körperliche Anstrengung gewohnt war. »Und so was machst du? Spinnst du?«

Am nächsten Morgen ging ich mit zu ihrer Stunde in der Turnhalle einer kleinen Vorstadt-Uni. Die Matten mussten vom Judokurs ausgeliehen werden, sie waren dick wie Matratzen und rutschig. Freddi hatte Iyengars *Licht auf Yoga* mit und unterrichtete streng nach Buch, ungeniert nachblätternd und vorlesend – und das war eine der besseren Lektionen meiner ganzen Yoga-Odyssee.

Yoga nach Buch: Dass ich darauf nicht gleich gekommen war. Schließlich kann man an den Buchrücken in meiner Bibliothek meine ganze Lebensgeschichte ablesen. Wann immer ich ein Problem habe oder auch nur eine Frage, renne ich in die nächste Buchhandlung und räume das Selbsthilferegal aus. Schwangerschaftsratgeber stehen bei mir direkt neben Abhandlungen über postnatale Depressionen, folgerichtig kommen dann Wohlfühlbücher, Meditationsanleitungen, Haushaltsratgeber und Mordmethoden für Kriminalautoren.

Don't Sweat the Small Stuff
It's all Small Stuff
Drinking: A Love Story
When Things Fall Apart
The Zen Way Out of Depression
The Feeling Good Handbook
After The Ecstasy, The Laundry
Clean Out Your House, Clean Out Your Life
A Girl Needs Cash
Yoga – leicht gemacht

Yoga – leicht gemacht? Das Buch von Indra Devi war 1964 erschienen, meine Mutter hatte es vermutlich in den Siebzigern gekauft. Wie es in meinem Bücherregal in San Francisco gelandet war, wusste ich nicht, aber es kam mir gerade recht. Indra Devi war Schülerin von Krishnamacharya, die erste Frau, die er unterrichtete, die erste Westlerin. Als Frau eines Diplomaten hatte sie in den Dreißigerjahren in Mysore gelebt, wo Krishnamacharya die Yoga-Schule am Hofe des Maharadscha Sri Krishnaraja Wodeyar IV. leitete. Mit strengen Auflagen wie Übungsbeginn vor Morgengrauen und drastischen Diätvorschriften versuchte er sie abzuschrecken, doch ohne Erfolg. Indra Devi wurde eine seiner ergebensten Schülerinnen und trug mit ihrem Umzug nach Hollywood in den Vierzigern viel zur Verbreitung von Yoga in Amerika bei. Ihre Interpretation von Krishnamacharyas Lehre ist traditioneller, mehr auf Meditation und

Lebenshaltung ausgerichtet, als die seiner männlichen Schüler. In ihrem Buch betont sie zwar die positive Wirkung des täglichen Übens, besteht aber nicht auf perfekter Ausführung oder auf komplizierten und schwierigen Stellungen. Die Abbildungen in ihrem Buch zeigen ganz gewöhnliche Menschen in ganz gewöhnlicher Kleidung, die zum Beispiel eine halbe Kerze gegen ein Wohnzimmermöbel gestützt ausführen und denen eine Zehe aus den schwarzen Strumpfhosen ragt. Eine Wohltat für meine schickimickigebeutelte Yoga-Seele.

Ich tat also, was ich in solchen Situationen immer tue: Ich ging die Straße runter zur Buchhandlung und räumte das Yoga-Regal leer. Dabei erwischte ich natürlich hauptsächlich Neuerscheinungen – schöne, schwere Bücher bekannter amerikanischer Yoga-Lehrer, die außer den mir bereits bekannten Thirtyone Flavors auch selbst entwickelte Yoga-Formen wie Jivamukti- oder Anusara-Yoga vertreten. Auf tollen Hochglanzbildern vollführen perfekte Wesen in perfekten Trikots perfekte Stellungen. Da schaut garantiert niemandem die Zehe aus der Strumpfhose!

Alice, die gerade umzog, brachte mir eine Kiste mit meist älteren Büchern, die sie in ihrer kleinen, gestochenen Schrift wild mit Anmerkungen voll gekritzelt hatte. Ich vergrub mich also in diese Bücher. Je mehr ich las, desto mehr Widersprüche taten sich vor mir auf wie Sprünge im Asphalt nach einem Erdbeben. Zum ersten Mal dämmerte mir, dass Yoga auch keine einfach zu memorierende Formel, keine immer gültige, überall anwendbare Patentlösung war. Da hatte ich mich wohl zu früh gefreut!

Frustriert warf ich die Bücher in eine Ecke. Dann hob ich sie wieder auf. Auch das ist Yoga. Immerhin hatte ich ihnen Folgendes entnommen:

Yoga ist eines der sechs grundlegenden indischen Denksysteme oder Darshanas. Darshana kommt von drish, sehen, also Sichtweise. Yoga bedeutet Vereinigung der Seele, des inneren, unsterblichen Kerns jedes Einzelnen, der Atman genannt wird, mit Brahman, dem Absoluten, Göttlichen, dem Universum.

Schon vor Hot- und Power- und Hot-Power-Yoga hat es verschiedene Yoga-Wege gegeben. Die wichtigsten traditionellen Formen sind: Jnana-Yoga, Bhakti-Yoga, Mantra-Yoga, Raja-Yoga, Karma-Yoga, Kriya-Yoga, Hatha-Yoga, Kundalini-Yoga und Tantra-Yoga.

Jnana-Yoga ist der Weg der Erkenntnis, oder wörtlich des Wissens, der über das Auswendiglernen der alten Schriften, das Rezitieren der Verse, das Interpretieren und Diskutieren mit Gelehrten zur Erleuchtung führt.

Bhakti-Yoga ist das Yoga des Dienens (bhaj), der totalen Hingabe an eine höhere Macht. Alles Denken, Handeln und Meditieren wird an diese Kraft – an Gott – gerichtet.

Mantra-Yoga besteht aus dem meditativen Rezitieren einer Silbe oder eines Verses – »das, was denjenigen beschützt, der es erhalten hat«. Ein Mantra kann man nicht aus einem Buch kopieren oder von einer Webseite herunterladen, sondern nur von einem Lehrer bekommen, zu dem man eine enge Beziehung hat.

Raja-Yoga ist das »Yoga der Könige«, das sich vor allem auf die Meditation konzentriert. Mit dem »König, der immerwährend erleuchtet ist und immerwährend lächelt« kann Ishvara, Gott, gemeint sein oder Purusha, das Göttliche in jedem Einzelnen.

Karma-Yoga – das Yoga des Handelns, beziehungsweise des »rechten« Handelns, das heißt, keine Erwartungen an das Ergebnis unserer Bemühungen zu haben, nicht von Erfolg oder Misserfolg abhängig zu sein oder sich darüber zu definieren. Handeln um des Handelns willen.

Kriya-Yoga wird oft auf den Aspekt der Reinigung oder Reinhaltung des Körpers reduziert. In der ursprünglichen Definition besteht es aber auch aus Praktiken wie Asana und Pranayama, die körperliche Blockaden beseitigen sollen, und aus Selbsterforschung und Hingabe an eine höhere Macht.

Zentral im Hatha-Yoga, Kundalini-Yoga und Tantra-Yoga sind die Kanäle, durch die die Lebensenergie – Prana – fließt. Die drei wichtigsten ziehen sich vom tiefsten Punkt des Beckens bis zum dritten Auge auf der Stirn nach oben und kreuzen sich an sechs Punkten. Diese Knotenpunkte nennt man Chakras – das siebte, höchste Chakra befindet sich auf dem Scheitel. Der mittlere, gerade Energiekanal heißt Sushumna-Nadi. Ida-Nadi geht am linken Nasenloch vorbei und wird auch Ha genannt. In ihm fließt die kühlende Energie, Mondenergie. Pingala-Nadi zieht am rechten Nasenloch vorbei und heißt auch Tha – für die heiße, die Sonnenenergie. Hatha-Yoga dient dazu, diese beiden Energien auszugleichen und zu verbinden.

Idealerweise fließt Prana ungehindert die Sushumna-Nadi hinauf, wenn der Zugang nicht von der Kundalini versperrt wird – Kundalini wird als im Becken zusammengerollte Schlange dargestellt und muss durch Asana und Pranayama beseitigt, verbrannt werden. Dafür müssen die Bandhas, die Energiereserven im Beckenboden, die sich unter dem Bauchnabel und unter dem Kinn befinden, aktiviert werden. Das ist das Ziel des Kundalini-Yoga.

Tantra-Yoga hingegen ist eine Technik, bestimmte (nicht unbedingt nur sexuelle!) Energien, die normalerweise anderweitig verpuffen, so auszurichten, dass sie Blockaden beseitigen und den Weg für ungehinderten Prana-Fluss freimachen.

Diese verschiedenen Yoga-Wege gehen auf unterschiedliche Schriften zurück:

Jnana-Yoga wird zum ersten Mal um 700 v. Chr. – die zeitliche Einordnung kann immer nur eine ungefähre sein – beschrieben, in den Upanishaden, einer Sammlung philosophischer Schriften, die den letzten Teil der Veden bilden. Die Veden sind die heiligen Bücher des Hinduismus und die ältesten Schriften der indischen Kultur. Auch die sechs Darshanas haben ihren Ursprung in den Veden. Zusammen sind sie Teil des Vedanta, der Philosophie, die sich auf die Veden bezieht und in der die Idee vom höheren, ewigen Bewusstsein zentral ist. Der Vedanta hat zwei Denkrichtungen entwickelt: Die erste wurde im 8. oder 9. Jahrhundert vom Reformer Shankaracharya begründet, wesentlich ist darin die Vorstellung, dass alles Illusion ist. Nur Gott, oder Brahman, ist real. Gut dreihundert Jahre später entwickelte Ramanuja als Reaktion darauf die Theorie, dass im Gegenteil alles real sei, Gegenstände, Lebewesen, alle Aspekte des Geistes und jede einzelne Seele. Alles ist real, und Gott ist in allem. Auf dieser Denkrichtung beruht zum Beispiel die Yoga-Lehre von Krishnamacharya. Das Yoga der Upanishaden nennt man auch präklassisches Yoga.

Eine weitere zentrale Schrift ist die Bhagavad-Gita, »der Gesang des Erhabenen«, ein spirituelles Gedicht, das um 300 v. Chr. verfasst wurde. Dieser ziemlich kriegerische Text ist Teil des hinduistischen Nationalepos, des Mahabharata. Darin wird beschrieben, wie sich der Gott Krishna seinem Freund und Cousin Arjuna offenbart und ihm das Prinzip des »Handelns im Nichthandeln« erklärt. Arjuna zögert vor einer Schlacht, in der er gegen Verwandte antre-

Yoga-Stunden im aktuellen Angebot:

* Ruff-Yoga: Yoga für dich und deinen Hund
* Naked-Yoga. Ja.
* Nachbarschafts-Yoga: meist gratis und von Schülern unterrichtet – liebe deine Nachbarn!
* Disco-Yoga
* Kickass-Yoga, eine Kombination von Yoga und Kickboxing
* Smoga: Yoga for Smokers. In ganz Amerika gibt es nur zwei solche Klassen, eine versteckt sich in einer Kirche in Oregon, die andere im Hinterzimmer eines Cafés in Austin, Texas – und da darf sogar zwischen den einzelnen Stellungen geraucht werden!
* Yoga-Cocktailpartys: Vierzig Minuten Atemübungen und Meditation, dann ein Drink und flotte Menschen kennen lernen
* Yoga-Kreuzfahrt: Mit gut 5000 Dollar sind Sie dabei!

ten soll – richtiges Handeln heißt interessanterweise in diesem Fall: kämpfen. Und ich dachte immer, Yoga bedeutet Gewaltlosigkeit…

In der Bhagavad-Gita werden achtzehn verschiedene Formen von Yoga beschrieben, unter anderem Bhakti-Yoga und Mantra-Yoga.

Irgendwann zwischen 200 v. und 200 n. Chr. wurden die Yoga-Sutras von Patanjali aufgezeichnet. Gemäß der Überlieferung ist Patanjali der Schlangengott Ananta (oder auch Adishesha), der von Gott Vishnu als Antwort auf die Klagen der Menschen über ihre diversen Leiden auf die Erde geschickt wurde. Der Schlangengott nahm dort die Gestalt des Weisen Patanjali an, der deshalb oft auf einem mehrköpfigen Schlangenstuhl sitzend dargestellt wird. Patanjali brachte den Menschen drei Lösungen für ihre Probleme: die Heilmethode Ayurveda für den Körper, Yoga für den Geist und die Sanskrit-Grammatik für die Kommunikation zwischen den Menschen.

Patanjali führte das Konzept des Dualismus ein, der Trennung von Materie (Prakriti) und Geist (Purusha) – im Gegensatz zum präklassischen Yoga, das von einer Einheit von Körper und Geist ausgeht. Yoga wird als Geisteszustand definiert, als das Glätten der Wogen des Geistes. Die Yoga-Sutras konzentrieren sich auf die Meditation, also Raja-Yoga. Außerdem definieren sie Kriya-Yoga. Das Yoga von Patanjali wird klassisches Yoga genannt.

Die Sutras wie auch die Veden und Upanishaden auswendig zu lernen, zu rezitieren, diskutieren und interpretieren, ist Teil der Yoga-Tradition. Deshalb gibt es keine allgemein gültige Übersetzung dieser Texte, sondern jede Übersetzung ist geprägt durch den, der sie weitergibt. In diese Tradition gehört auch Mantra-Yoga.

Um 500 n. Chr. kam der Tantrismus auf, eine religiösphilosophische Strömung, die das Bewusstsein – im Westen würde man darunter auch die Seele verstehen – ins Zentrum stellt. Dabei wurde dem Körper eine neue Rolle zugewiesen: Bisher wurde der Körper immer als Hindernis auf dem Weg zur Erleuchtung verstanden, jetzt sah man ihn als Gefäß oder Leiter göttlicher Energie. In diesem Zusammenhang entstanden Kundalini-Yoga und Tantra-Yoga.

Und so kam um 800 n. Chr. auch das körperbezogene Hatha-Yoga auf, das in der *Hatha-Yoga-Pradipika* (*Leuchte des Hatha-Yoga*) definiert und gelehrt wird. Diese mehr auf den Körper bezogenen Yoga-Formen zählen zum postklassischen Yoga.

Für die Thirtyone Flavors auf der Menükarte der schicken Studios von heute müsste man wohl den Ausdruck postmodernes Yoga bemühen. Doch wenn ich etwas gelernt hatte beim Wühlen in der Kiste dieser sich zum Teil widersprechenden Bücher, dann ist es das: Yoga bewegt sich. Yoga verändert sich. Hat sich schon immer verändert, mit jeder Überlieferung jedes alten Textes. Yoga ist fließend. Und das ist gut so.

Ich klappte die Bücher zu. Bei dieser unüberschaubaren Fülle von Yoga-Varianten würde es wohl niemanden stören, wenn ich meine eigene Form zu finden versuchte.

Milena-Yoga?

Schlampenyoga?

how to

Krieg der Dreiecke
oder Meine erste Yoga-Konferenz

Der Yoga-Lehrer kündigt die Dreiecksstellung an, Utthita-Trikonasana. Ich mache einen Schritt zur Seite, drehe meine Füße nach außen und greife nach meiner großen Zehe.

*»Aha!«, ruft er und zeigt mit dem Finger auf mich. »Erwischt! Du glaubst wohl, du seist in einer Ashtanga-Lektion!« Der Rest der Gruppe kichert wissend. »*Wir *machen das Dreieck so!«, sagt er und beugt das vordere Bein in einem rechten Winkel, stützt sich mit einer Hand neben dem Fuß auf und streckt den anderen Arm über den Kopf.*

Das ist eine Stellung, die ich unter einem anderen Namen kenne, der mir aber in diesem Augenblick absolut nicht einfallen will – so gern ich ihm den Namen, möglichst in Sanskrit, um die Ohren geschleudert hätte. Ich bin natürlich überzeugt, dass so, wie ich es gelernt habe, die einzig richtige Art ist, das Utthita-Trikonasana auszuführen. Später am Abend, schon im Halbschlaf, fällt es mir ein, und ich schieße aus den Kissen und rufe: »Utthita-Parshvakonasana!« Zufrieden lege ich mich zurück: Dem hab ich's aber gegeben!

Der Verdacht, dass diese Art von Yoga-Konkurrenz vermutlich eher kontraproduktiv ist und dem Geist der Sache nicht wirklich gerecht wird, kommt mir erst später. Nämlich als ich die dritte oder vierte Variante des Dreiecks lerne – und mir auch diese wieder als einzig richtige verkauft wird.

Wie viele Arten von Dreiecken gibt es denn wirklich? Ich meine, tatsächliche Dreiecke, wie man sie im Geometrieunterricht ausrechnen und aufzeichnen muss – nicht, dass ich damit je viel Zeit verbracht hätte, ich bin zu wenig genau, um schöne Dreiecke zu zeichnen, außerdem habe ich nicht immer ein Lineal griffbereit. Aber ich meine mich schwach zu erinnern, dass es alle möglichen Arten von Dreiecken gibt, gleichschenklige und – hmm – ungleichschenklige? Bei denen ein Bein kürzer ist – wie bei mir? Gibt es nicht so viele Dreiecke, wie es Arm- und Beinlängen gibt?

Der Gott Shiva hat so viele Yoga-Stellungen geschaffen, wie es damals Gattungen von Lebewesen auf der Erde gab – ungefähr 22 000. Krishnamacharya konnte dreitausend einnehmen. Dharma Mittra hat in den Siebzigerjahren neunhundertacht gelernt, ausgeführt und fotografiert. Das berühmte Poster, das noch in vielen Yoga-Schulen an der Wand hängt, bewirkt oft, dass dem Anfänger das Herz in die Asana-Pants sinkt. Die erste Serie des Ashtanga-Yoga besteht aus sechsundachtzig Stellungen. In einer typischen Yoga-Stunde werden vielleicht fünfundzwanzig ausgeführt.

Und da wollen wir noch kleinlich sein und Dreiecke diskriminieren? Ich bitte Sie!

Der Prospekt kam mit der Post: Eine schlanke, junge Frau in Turnhose mit einer zusammengerollten Yoga-Matte unter dem Arm stand auf einer steilen Straße neben einem Cable

Car: San Francisco rief zur ersten West Coast Yoga Conference.

Alle »wichtigen Vertreter des amerikanischen Yoga« würden da sein: Beryl Bender Birch, die in den Achtzigerjahren den Begriff Power-Yoga geprägt hat, Rodney Yee, einer der ersten Fernsehstars unter den Yoga-Lehrern, Richard Freeman, Ashtanga-Lehrer der klassischen Art, John Friend, der Begründer von Anusara-Yoga, den man wegen seiner Ausstrahlung und seines weiblichen Fanclubs den »Elvis des Yoga« nennt. Weiterhin Ana Forrest, die für ihre beinahe übermenschliche Gelenkigkeit und ebensolche Strenge bewundert wird, Eric Schiffman, der Lehrer von Ali McGraw auf meinem ersten Yoga-Video, Patricia Walden, die bekannteste Lehrerin der Iyengar-Methode, Angela Farmer, die Yoga von allen Zwängen befreit hat, Baron Baptiste, der »Yoga Bootcamps«, also sozusagen Rekrutenschinderei-Yoga eingeführt hat, Gary Kraftsow, der therapeutisches Yoga nach T.K.V. Desikachar lehrt, und viele andere mehr.

Ich meldete mich sofort an.

Yoga kam in Wellen nach Amerika: Swami Vivekananda stellte Yoga 1893 am World's Parliament of Religions in Chicago vor und fand sofort großen Anklang. Paramahansa Yogananda, der berühmte Autor der *Autobiographie eines Yogi*, gründete 1920 in Los Angeles das Self-Realization Fellowship. Indra Devi zog 1947 nach Hollywood und unterrichtete unter anderem Gloria Swanson. In den späten Sechzigerjahren brachte die Hippie-Bewegung Yogis wie Swami Satchidananda (den »Guru von Woodstock«) und Swami Vishnudevananda nach Amerika. Sie alle haben Spuren und Schulen, wenn nicht gar Ashrams hinterlassen.

Doch das heutige amerikanische Yoga – das morgen schon wieder ein anderes sein kann – ist auf B.K.S. Iyengar, Pattabhi Jois und T.K.V. Desikachar zurückzuführen, die wiederum alle drei Schüler von Tirumalai Krishnamacharya waren. Auf diesen Lehrern und ihren Methoden, also Iyengar-Yoga, Ashtanga-Yoga und Vini-Yoga, beruht das, was man heute »amerikanisches« oder »modernes« Yoga nennt.

Und diese modernen Varianten schwappen jetzt aus Amerika direkt und ungefiltert nach Europa und verdrängen das eher meditativ ausgerichtete Yoga. Grob gesagt, stützt sich das europäische Yoga mehr auf die Upanishaden und das amerikanische, wenigstens in seinen Wurzeln, auf die Lehre von Krishnamacharya und somit auf die Yoga-Sutras. Entsprechend folgt Yoga in Europa der traditionelleren Lehre – und es hat eine längere Tradition.

Karl Baier weist in seinem Buch *Yoga auf dem Weg nach Westen* erste Begegnungen bereits zur Zeit Alexanders des Großen nach. Auf seinem Feldzug nach Indien von 327 bis 325 v. Chr. kam er offensichtlich mit Yogis in Berührung, die er, wegen ihrer Nacktheit, so vermutet Baier, Gymnosophen nannte. Es waren vor allem ihre asketischen Leistungen, die dann die Stoiker in Europa beeindruckten. Ein direkter Einfluss auf die griechischen Philosophen ist nicht nachweisbar, aber wahrscheinlich – Plotin zum Beispiel war an indischen Lehren interessiert und schloss sich einem Indienfeldzug an, der allerdings auf halbem Weg scheiterte.

Im Mittelalter stand die islamische Welt zwischen Europa und Indien. Die Beeinflussung fand also indirekt statt: Der Universalgelehrte al-Biruni übersetzte die Yoga-Sutras von Patanjali ins Arabische, und so flossen bestimmte Atemtechniken und tantrische Lehren in den Sufismus ein. Und der Sufismus wiederum beeinflusste den europäischen Mystizismus sowie die jüdische Geheimlehre, die Kabbala (Madonna! Schon wieder!!).

In der Kolonialzeit ab 1600 begannen die Indienreisenden aus Europa ihre Eindrücke niederzuschreiben. Damals wurde Yoga allerdings meist mit Fakirtum verwechselt und auf seine spektakulären Aspekte reduziert – Yogi lebendig begraben!

Ende des 19. Jahrhunderts öffnete sich Yoga der Welt. Für die in den USA gehaltenen Vorträge von Swami Vivekananda interessierte sich zum Beispiel die so genannte Neugeist-Bewegung in Deutschland. Sie sah Yoga allerdings in erster Linie als Mittel zur Steigerung der persönlichen Effizienz – also ähnlich wie heute.

Parallel dazu fand eine wissenschaftliche Auseinandersetzung mit Yoga im Bereich der Psychologie statt, vor allem mit den Bewusstseinszuständen, die als Trance oder Hypnose eingeordnet wurden. Rainer Schmidt, ein vehementer Gegner, warf damals den Yogis in *Fakire und Fakirtum im alten und modernen Indien* vor, sie seien »von mächtigen neurotischen Impulsen angetrieben«. Und Sigmund Freud interpretierte den meditativen Zustand (wenig überraschend) als »bewusstes Zurückversetzen in den Mutterleib« und als »Aufbau einer autoerotischen Selbstbeziehung«. Na, na!

Nach dem Ersten Weltkrieg nahm sich die so genannte Gegenkultur des Yoga an, so fanden zum Beispiel auf dem Monte Verità im Tessin in den Dreißigerjahren Eranos-Tagungen statt, während deren meditiert und Yoga geübt wurde.

Auch C. G. Jung machte immer wieder mal Yoga und lud 1937 V. Subrahmanya Iyer, den Guru des damaligen Maharadscha von Mysore, zusammen mit Paul Brunton, dem Indienforscher und Autor von *A Search in Secret India,* zu Gesprächen ein. Jung fand aber, Yoga sei »für den Inder eine Wohltat, (…) für den Europäer ist es Gift«.

Johannes Heinrich Schultz, der Nervenarzt, bezeichnete autogenes Training – was er entwickelt hatte – 1932 noch als »psycho-physiologisch rationalisierten, systematisierten Yoga«. Später stritt er jede Verbindung ab.

Dass man Yoga ebenso gut wie jedes andere Denksystem missbrauchen kann, bewies J. W. Hauer, ein glühender Anhänger des Nationalsozialismus und Autor von *Die Anfänge der Yoga-Praxis im alten Indien*, das sich mit den Veden befasst, und von *Der Yoga als Heilung*. Er sah in Yoga eine Chance für das deutsche Volk, zu seinen indogermanischen Wurzeln zurückzufinden (und die jüdisch-christliche Kultur, die ihm nur »übergestülpt« sei, abzulegen).

Boris Sacharow, ein Russe und Schüler von Swami Sivananda, gründete 1921 in Berlin die Erste Deutsche Yoga-Schule (EDY). Es gelang ihm, Yoga auch während des Krieges unter dem Decknamen »Indische Körperertüchtigung« zu unterrichten. 1961 ließ sich Sivanandas Divine Life Society in Köln nieder, mit der Eröffnung des ersten Sivananda Vedanta Centers. Transzendentale Meditation nach Maharishi Mahesh Yogi, dem Guru der Beatles, und die Lehren von Sri Aurobindo verbreiteten sich. Bald gab es Rundfunk-Yoga mit Anneliese Harf und Fernseh-Yoga mit Karen Zebroff. 1975 brachte der *Stern* den ersten Yoga-Titel.

In der Schweiz wurde Yoga vor allem durch Selvarajan Yesudian bekannt, einen Südinder, der als Kind unter Muskelschwund gelitten und sich durch Yoga selbst geheilt hatte. Er wanderte nach Ungarn aus, um Medizin zu studieren, lernte dort Elisabeth Haich kennen und baute mit ihr eine Yoga-Schule auf. 1948 mussten sie Ungarn verlassen. Auf dem Weg nach Kalifornien machten sie Station in Zürich. Zu einem ersten Vortrag erschienen zwanzig Leute, und Frau Haich scherzte, wenn es nicht mehr würden, müssten sie weiterziehen. Beim nächsten Mal kamen über hundert und baten das Paar zu bleiben, und sie begannen zu unterrichten. Sie gründeten die erste Yoga-Schule in der Schweiz, der bald weitere folgten, unter anderem die Sommerschule in Ponte Tresa, wo wochenlange Aufenthalte möglich waren.

Yoga nach Yesudian wird mit geschlossenen Augen ausgeführt, nur von der Stimme des Lehrers geleitet. So kann man nicht gucken, was die anderen besser können und was sie anhaben, auch das Angeben des Lehrers mit schwierigen Stellungen bleibt ganz aus. Jedes Mal, wenn ich (zusammen mit meiner Mutter in Zürich) eine solche Stunde besuche, wird mir bewusst, wie groß der Anteil dieser Äußerlichkeiten in jeder durchschnittlichen kalifornischen (oder California-Style-schweizerischen) Yoga-Stunde ist – und wie wohltuend das Ausschließen derselben.

Doch ich lebte nun mal in Kalifornien, ich hatte mit dem modernen amerikanischen Yoga angefangen, und ich gab die Hoffnung nicht auf, hier einen Alice-Ersatz zu finden – einen Lehrer, der mich überzeugt, eine Yoga-Stunde, die mir liegt.

Auf der West Coast Yoga Conference wurden vierundsechzig Kurse angeboten. Das musste ja mit dem Yoga-Teufel zugehen, wenn ich nicht... Ich kreuzte wild auf jeder Seite im Prospekt etwas an, wie ein einsames Kind, das mit dem Finger blind ins Telefonbuch tippt, um das nächste Opfer für einen Scherzanruf zu finden.

In den Monaten zwischen der Anmeldung und der eigentlichen Konferenz gab ich mein Yoga fast ganz auf. Ich wartete sozusagen auf die Erleuchtung: Auf der Konferenz, so hoffte ich, so glaubte ich, würde ich serviert bekommen, was ich brauchte, was mir fehlte. Dann würde ich erst »richtig« anfangen, Yoga zu machen.

Doch ein paar Tage vorher, als ich mein persönliches Programm zugeschickt bekam, tauchten erste Zweifel auf: Waren acht Stunden Yoga pro Tag nicht vielleicht etwas viel? Wie sollte ich zwei Doppelstunden mit Rückenübungen gleich hintereinander überleben? War ein durchschnittlicher Preis von 60 Dollar pro Stunde wirklich so ein Schnäppchen, wie ich beim begeisterten Ankreuzen und Ausfüllen des Anmeldeformulars geglaubt hatte? Und wie sollte ich morgens um sechs in die Innenstadt kommen, die zu dieser gottlosen Zeit von Frühpendlern verstopft war?

Ich kam eine halbe Stunde zu spät, weil ich als Einheimische prompt das Hyatt Regency mit dem Hyatt Downtown verwechselt hatte. Als ich durch die zugigen Straßen der Innenstadt hetzte, begegnete ich einigen verfrorenen Gestalten mit bunten Yoga-Matten unter dem Arm, die mir freundlich zuwinkten. Ahhh, die internationale Yoga-Gemeinschaft...

Das Hyatt war ganz auf Yoga eingestellt: Verkaufsstände auf zwei Zwischenstockwerken, Yoga-kompatible Snacks wie pulverisierte indische Eintöpfe, nur noch mit heißem Wasser anzurühren, und Getreideriegel mit esoterischen Namen und indische Musik aus dem Lautsprecher. Eine endlose Schlange hatte sich vor dem Tisch mit den Konferenzpässen gebildet. Ich traf alle möglichen Yoga-Schüler und -Lehrer, die ich von meiner Yoga-Odyssee her kannte, und lernte die Gattung der Workshop-Profis kennen. Ich war nicht die Einzige, die keine regelmäßigen Stunden mehr besuchte. Es gab noch eine andere Möglichkeit: von Workshop zu Workshop zu reisen und so zwar nur sporadisch und meist in Gruppen von mehreren hundert unterrichtet zu werden, dafür von berühmten Lehrern. Diese Handlungsreisenden in Sachen Yoga hatten einen eigenen, vertraulichen Umgang mit den »wichtigsten Vertretern des amerikanischen Yoga«.

»Rodney ist der Einzige, der es fertig bringt, mich in die Schildkröte zu brezeln.«

»Richard betont ja immer, wie wichtig eine entspannte Zunge ist.«

»Also vergangenes Jahr auf Maui hat John zu mir gesagt, Helen, hat er gesagt, die ganze Enttäuschung sitzt in deinen Hüften fest.«

Während ich auf meinen Konferenzpass wartete, schlich sich die Hoffnung ein, ich würde auch mit einem ganz speziellen, persönlichen, sozusagen direkt zur Erleuchtung führenden Ratschlag nach Hause gehen. Nie mehr eine normale Yoga-Stunde brauchen. Nur den berühmten Meistern nachreisen. Heute San Francisco, morgen Hawaii…

Meine erste Stunde fand in einem von flackernden Neonschienen erleuchteten Saal statt. Ich breitete meine Matte auf dem psychedelisch gemusterten Teppich aus und wartete. Zusammen mit zweihundert anderen. Wir warteten auf einen dieser »Superstars des amerikanischen Yoga«, der zwanzig Minuten zu spät kam und seinen als »meditativ« angekündigten Vortrag gleich mit einem Scherz auf Kosten des Lehrers im angrenzenden Ballsaal begann. Von der anderen Seite der Schiebetür erklangen indische Harfenklänge.

»So kann man's natürlich auch machen«, sagte *unser*

Superstar und deutete mit dem Daumen zur Tür. »Aber ist das Yoga?«

Hundertneunundneunzig Jünger lachten. Nicht ich, die ich die nächste Stunde bei diesem Harfenspieler gebucht hatte.

Und so ging es den ganzen Tag: »Also kommt alle mal her«, sagte ein Vertreter der Ashtanga-Schule. »Stellt euch mal im Kreis auf und schaut zu. Ja, jetzt müsst ihr halt mal so tun, als wärt ihr in einer Iyengar-Lektion.«

Wissendes Lachen. Kopfschütteln.

»Jetzt zeig ich euch mal, wie man wirklich von einer Stellung in die andere springt. Das haben diese Ashtanga-Leute ja nicht für sich gebucht!«, zwei Stunden später eine Iyengar-Lehrerin.

In jeder Stunde wurde erst mal niedergemacht, was im vorhergehenden Kurs gelehrt wurde. Sosehr ich mich bemühte, in den sich ständig widersprechenden Anweisungen – Kopfstand immer zuerst! Kopfstand nie zuerst! Einatmen mit dem Bauch! Mit der Brust! Immer hinlegen! Nie! – die in San Francisco so gepflegte und geschätzte Vielfalt zu sehen und zu begrüßen, sosehr schlugen mir die ständigen Gehässigkeiten auf den Magen. Ich wollte immer noch glauben, dass Yoga-Lehrer bessere Menschen sind, aber es fiel mir von Stunde zu Stunde schwerer.

»Amerikanisches Yoga«, hatte ich irgendwo gelesen, »ist zersplitterter als protestantische Sekten – und mit derselben Selbstgerechtigkeit gerüstet!«

Derselbe Zustand ist allerdings in der Schweiz auch zu befürchten, von wo mir eine Freundin einen wahren Leserbrief-Krieg weitergeleitet hat, ausgelöst durch einen Zeitungsartikel über Power-Yoga: »Das ist doch nicht Yoga!«, »Das ist nicht das *wahre* Yoga!« – und so weiter. Man möchte den Schreibern dringend etwas zur Stressreduktion empfehlen – Yoga vielleicht?

Bei solchen Diskussionen fällt mir immer gleich der *wahre Heino* ein, ein Schlagersänger, der nicht der *echte* Heino war und das auch nie behauptet hatte. Trotzdem war der *wahre* Heino vielleicht mehr Heino als der echte Heino. Also bitte, was ist wahres Yoga? Oder meine ich echtes Yoga?

Geht weg wie warme Brezeln
oder Das lukrative Geschäft mit Yoga

»Wie lange machst du jetzt schon Yoga? Und kannst den Lotussitz immer noch nicht?«

Asche auf mein Haupt. Wo ist der Aschenbecher? Ach so, ich hab ja gerade wieder mal aufgehört. Nein, ich kann keinen Lotussitz nicht. Nicht mal für zehn Sekunden. Und um den Lotussitz geht es ja eigentlich. Die ganze Verbrezelung soll den Körper ja nur darauf vorbereiten, dass er während der Meditation nicht stört, indem er au hier, au da schreit. Ich kann den Lotussitz nicht nur nicht, ich verdrehe mir auch regelmäßig bei vorbereitenden Stellungen das Knie. Und ohne Knie geht gar nichts mehr. Ja, ich hab halt wirklich verklemmte Hüften, das wird mir immer wieder bestätigt, mit wissend mitfühlendem Blick, der mich dann beinahe Ahimsa vergessen und den Yoga-Lehrer treten lässt – da, wo's wehtut.

Fotomodell Christy Turlington hingegen kann sich gar nicht mehr anders hinsetzen als im Lotus. Ich hab sie kürzlich im Fernsehen gesehen, wie sie sich in den Gästesessel brezelte. »Entschuldige«, hauchte sie dem hingerissenen Talkmaster zu, »aber ich kann echt gar nicht mehr anders sitzen.« Ich streckte dem Bildschirm die Zunge heraus – ich sage es ja: Seit ich Yoga mache, habe ich mich geistig ganz unglaublich weiterentwickelt…

Ich mache den halben Lotussitz, die gleichseitige Stellung, bei der die Beine nebeneinander liegen, oder das Sukhasana, die so bezeichnete einfache Stellung, bei der sich nur gerade die Knöchel kreuzen. Dabei denke ich an einen der Niyamas: Samtosha, Genügsamkeit. Damit zufrieden sein, dass die Knie steil zum Himmel stechen wie die Segel an einem Schweizer Boot.

Und mein drittes Auge zwinkert Christy Turlington zu.

Die Feindseligkeiten auf der Yoga-Konferenz setzten mir so zu, dass ich mich in die Verkaufshalle im Zwischenstockwerk flüchtete – Shopping war schon immer eine meiner Hauptwaffen gegen aufkommende Frustration. Meine Beine zitterten, ich hatte Hunger. Eine mild lächelnde Dame reichte mir eine Tüte voller Kraftriegel, Teebeutel und Reisnudel-Fertiggerichte. »Der Wasserkocher befindet sich im Pazifik-Saal.«

Ich irrte zwischen den Ständen umher, wo es ätherische Öle zu kaufen gab, die je nach Duft diese oder jene Stellung erleichtern sollen. Spezielle stabile Handstützen, die eigentlich aussehen wie Hanteln und weiß der Teufel was bewirken. Yoga-Matten in allen Farben, Begleitmusik zum Üben, Yoga-Videos, Statuen von indischen Göttern und Heiligen, Yoga-Bekleidung in allen Stilrichtungen: sexy, modisch, hippiemäßig, flatterhaft, selbst genäht und glamourös. Eine ganze Buchhandlung voller Yoga-Bücher: *Yoga für Frauen*, *Yoga für Dummies*, *Yoga für Depressionen* (wäre »gegen« nicht eigentlich wünschenswerter?).

Wahllos griff ich mir ein paar Bücher, bezahlte und floh in die windigen Straßen von San Francisco. In meinem ausgewachsenen, grasgrünen Yoga-Pyjama, die abgewetzte, orangefarbene Matte unter dem Arm, betrat ich ein Geschäft mit dem meiner Stimmung genau entsprechenden Namen Gimme Shoes und kaufte ein Paar Stiefel, die ungefähr so viel kosteten wie der Rest der Yoga-Stunden, die ich gerade verpasste.

»O, Sie machen Yoga?«, zwitscherte die Verkäuferin, vermutlich, um mich von den Zahlen auf dem Kreditkartenbeleg abzulenken. »Cool!«

»Ich bin entwischt«, sagte ich. »Abgehauen! Ich bin eine Yoga-Flüchtige.«

Die Verkäuferin lächelte tapfer, während sie diesen geheimen Knopf unter der Verkaufstheke drückte, mit der in Fernsehkrimis immer die Polizei alarmiert wird.

Anständig beschuht – in schlammfarbenen Dries-van-Noten-Stiefeletten – fühlte ich mich am nächsten Tag in der Lage, mich der so genannten Hauptkonferenz zu stellen. An diesem Tag sollte, so versprochen, weniger geredet und mehr geübt werden. Vielleicht würde mir dieser Teil eher zusagen. Ich war fest entschlossen, der Konferenz noch einmal eine Chance zu geben. Doch es kam anders.

Unterwegs lief ich Susanne Brunner in die Arme. Die recht abgebrühte Radiokorrespondentin war schockiert: Sie hatte den Leiter einer Yoga-Schule angerufen und um ein Interview gebeten. Doch der hatte sie angebrüllt: »Ich red verflucht noch mal mit keiner verfickten Zeitungshure!« – und den Hörer aufgeknallt, bevor sie noch »Radio! Radiohure!« schreien konnte.

Nun war sie solche oder ähnliche Nettigkeiten gewohnt. Aber von einem Yoga-Lehrer erwartete sie doch ein bisschen mehr Selbstbeherrschung.

»Sind Yoga-Lehrer denn nicht bessere Menschen?«

Das wollte ich ja auch gern glauben, deshalb schwang ich mich zu einer lahmen Verteidigung auf: »Vielleicht hat ihn sein Guru gerade auf Schadensersatz verklagt?«

Die Konferenz fand nämlich zeitgleich mit dem McYoga-Skandal statt: Bikram Choudhury hatte seine Unterrichtsmethode patentieren lassen. Sie kann ab sofort nur noch im Franchise-System weitergegeben werden, das heißt nur Lehrer, die das 5000-Dollar-Diplom abgelegt haben, dürfen Bikram-Yoga lehren. Jedes der rund dreihundert Yoga-Studios – zehn davon gibt es allein in San Francisco –, die weltweit Bikram-Yoga anbieten, muss dem Yoga-Capo monatlich einen Anteil vom Gewinn abgeben. Und sich außerdem genau an die Vorschriften halten: Das Umstellen der Übungsfolgen oder das Abspielen von Musik wird mit Schadensersatzklagen von 25 000 Dollar geahndet. Das hat den Vorteil, dass Anhänger von Bikram-Yoga in Zürich oder San Francisco, in München oder Hintertupfikon die exakt gleiche Lektion erwarten können, dieselbe Abfolge der Stellungen, dieselbe Raumtemperatur und Luftfeuchtigkeit (ich habe allerdings den Verdacht, dass die Amerikaner nach ihrem Grundsatz »mehr ist besser« da etwas übertreiben, vielleicht in der Hoffnung auf schnelleren Gewichtsverlust). Ja, sogar die Instruktionen sind Wort für Wort vorgeschrieben, jedes »Go, go, go!« kommt in jeder Stunde an exakt derselben Stelle. Eine Journalistin der *New York Times* hatte einmal einen Roadtrip von San Francisco nach Baltimore unternommen, also quer durch das ganze große Land, von einem Bikram-Studio zum nächsten, und das Einzige, was sich unterwegs änderte, waren die modischen Standards der Yoga-Bikinis.

Nach Choudhurys Patentanmeldung ging ein Aufschrei durch die Medien: Was fällt ihm ein! Das darf der doch nicht! Das ist McYoga! Dahinter steht selbstverständlich die Frage: Wem gehört Yoga? Gehört es Choudhury?

Choudhury ist – vorsichtig ausgedrückt – eine schillernde Gestalt mit brillantbesetzten Gürtelschnallen und einer Rolls-Royce-Karawane, was peinlicherweise an den unseligen Bhagwan erinnert. Doch erfunden hat er Yoga schließlich nicht, er hat nur sechsundzwanzig Stellungen ausgewählt und sie in eine bestimmte Reihenfolge gebracht, die laut seinen unbescheidenen Angaben sämtliche Krankheiten inklusive Krebs heilen oder wenigstens verhindern sollen. Ob diese Abfolge nun wie zum Beispiel eine Choreografie von Tanzschritten urheberrechtlich geschützt werden kann, darüber streiten sich die Anwälte noch. Choudhury, ein ehemaliger Bodybuilder aus Kalkutta, dem heutigen Kolkata, und Gewinner verschiedener Yoga-Wettkämpfe, kam mausarm nach Amerika und verlangte für seine Yoga-Stunden nicht mal Geld. »Meine amerikanischen Freunde sagten: ›So kannst du das nicht machen, wir sind hier in Amerika.‹«

Lektion offensichtlich verinnerlicht, Lehrmeister sogar übertroffen. Choudhurys Verbrechen besteht eigentlich nur darin, dass er den American Dream ganz bis zum Ende ausreizen will. Vielleicht ist das der wirkliche Grund für die Empörung – steht der Erfolg einem krummbeinigen, braunen Inder überhaupt zu? Gehört der American Dream den Amerikanern, den groß gewachsenen, sommersprossigen, weißen Amerikanern?

Bis wir die Frage erschöpfend diskutiert hatten und Susanne meine neuen Stiefel gebührend bewundert hatte, war der Vormittag fast um. Ohnehin soll man mit drei doppelten Espressos im System kein Yoga machen, von Schokoladenmuffins mal ganz zu schweigen.

Dieses Wochenende mit seinen ungenutzten Kursen wurde teurer und teurer. Ich tat also, was ich immer tue, wenn ich mich wegen unnötiger Ausgaben schuldig fühlte: Ich kaufte noch mehr.

In den Zwischengeschossen lief das Geschäft auf Hochtouren. Ich war wohl nicht die Einzige, die Learning by Shopping betrieb. Konferenzteilnehmer im schicken Yoga-Ornat mischten sich mit anderen Hyatt-Gästen, die die Uniform trugen, an der man amerikanische Touristen überall auf der Welt und auch im eigenen Land erkennt: geräumiger Trainingsanzug, kombiniert mit Käppi und sauberen, weißen Turnschuhen. San Francisco hat noch aus Goldgräberzeiten den längst nicht mehr verdienten Ruf eines Sündenbabels, einer Stadt, in der nur komische Käuze wohnen.

»Nun schau dir das an, Bill!«, rief eine dauergewellte Touristin vor einem Stand, an dem Apparaturen zur Darmspülung angeboten wurden.

»Only in San Francisco!«

An einem anderen Verkaufsstand pries ein gut aussehender Yogi im Nadelstreifenanzug, aber ohne Schuhe seine Dienste als Yoga-Business-Coach an. »Ich helfe Ihnen, finanziell erfolgreich zu sein, ohne dass Sie Ihre Ideale verraten!«

»Na, viel Glück!«, sagte jemand hinter mir. Die Stimme kannte ich doch. Ich drehte mich um. Und da stand meine Freundin Sharmila. Unsere Söhne gingen in dieselbe Klasse, und wir schlossen die Elternabende jeweils in der irischen Bar gegenüber der Schule ab. Sharmila war die Erste gewesen, die mich mit sanftem Spott auf die Hindu-Amulette an meinem Hals angesprochen hatte – »Durga, hmm? Weißt du überhaupt, wer Durga ist?« – und mir zur Weiterbildung grellbunte Kindercomics geschenkt hatte, die in blutigen Details die Geschichten der einzelnen Götter illustrierten. Sharmila war in Bombay aufgewachsen und machte sich, wie viele Amerikaner indischer Herkunft, nichts aus Yoga.

»Yoga ist eigentlich etwas Komisches, irgendwie hinterwäldlerisch, etwas für Leute, die keine elektrische Zahnbürste haben«, sagte sie immer. »Etwas, das du morgens nach dem Aufstehen still zu Hause machst. Du weißt schon, wie waschen, Zähne putzen, tief atmen, dehnen, beten. Sich für den Tag bereitmachen.« Dass man Yoga in der Gruppe praktizierte, in hell erleuchteten Studios mit geschmackvollen Parkettböden, dass die Nachfahren puritanischer Christen Kurse im Singen der Veden besuchten, schien ihr eigenartig und beinahe unanständig. »Das ist doch, als ob man fürs Beten bezahlen müsste«, sagte sie einmal. Welcome to America.

»Was tust du denn hier?«, fragte ich.

Sharmila machte kein Yoga: Sie ging zu Curves, einem Dreißig-Minuten-Fitnesscenter für Frauen, das von einer evangelischen Sekte betrieben wird. Mit dem Geld, das sie einnehmen, finanzieren sie Anti-Abtreibungs-Kampagnen. Verlegen schaute Sharmila zur Seite, als würde sie beobachtet. »Na komm schon, warum sollt ihr Yoga-Leute all die coolen Accessoires für euch behalten? Ist das etwa fair? Ihr habt Sari-Pants und wir poplige Trainingsanzüge! Nein, meine Liebe, nicht mit mir!«

Blitzschnell öffnete sie ihre Tragetasche und ließ mich einen Blick auf ihre Einkäufe erhaschen: Räucherstäbchen, hellrosa Pants mit Sari-Streifen und eine Yoga-Matte mit Lotusblüten.

Schwer vorstellbar, dass es eine Zeit vor der Sticky Mat gab, in der Yoga ohne die nun unentbehrliche Matte aus rutschfestem Material geübt werden musste. Und das ist noch nicht einmal lange her. Indien-Rückkehrer berichteten von rauen Teppichen, die direkt auf den nackten Betonboden gelegt wurden, von aufgeschürften Füßen und Knien. Yoga-Stunden wurden in Wohnzimmern abgehalten, mit Badetüchern auf dem Spannteppich – eine eher rutschige Angelegenheit, die nach einer Weile zu Krämpfen in den Oberschenkeln führte.

Es war die englische Yoga-Rebellin Angela Farmer, die laut Legende in einem deutschen Supermarkt eine Rolle Teppichunterlage gekauft und in handliche Stücke geschnitten hatte – ihr Vater hatte daraus das erste Yoga-Matten-Geschäft gemacht. Matten in allen Farben sind heute zu einer Art Statussymbol geworden. Während es zu meinen Anfängerzeiten im Ahimsa-Yogastudio noch als schick galt, eine möglichst ausgetretene, ausgefranste blaue Matte als Zeichen für ununterbrochenes Üben zu benutzen, so hat man heute gern zu jedem Yoga-Outfit die farblich passende Variante. Wenn ein neues Modell in die Läden kommt, spricht sich das schnell herum, und die Jagd geht los.

»Eigentlich wollte ich ja die mohnrote mit Om-Aufdruck«, sagte Sharmila, »aber die ist schon überall ausverkauft. Und die neue Kollektion kommt erst im September. Dann bringen sie die Paisley-Muster, schau, hier!« Und sie reichte mir den neuen Yoga-Matten-Katalog, Vorschau auf die Winterkollektion, fünf Seiten dick. Ich steckte ihn ein. Ich hatte so ein Gefühl, dass ich meiner ausgetretenen blauen Ahimsa-Matte nicht mehr lange treu bleiben würde …

Und was ist mit dem ultimativen Yoga-Accessoire, dem Privatlehrer? Damit meine ich natürlich nicht einfach einen ehrgeizigen Lehrer, der für einen Aufpreis die Stunde ins eigene Wohnzimmer verlegt – das kann ja jeder haben, der über Kleingeld und vier Quadratmeter Parkett verfügt. Nein, ein ernsthaftes Statussymbol ist erst der Yoga-Lehrer, der einem Tag und Nacht zur Verfügung steht und mit bis ans Ende der Welt reist. Der persönliche Yoga-Sklave sozusagen.

Denise Rich zum Beispiel richtete ihre Skiferien in Aspen nach dem Terminplan ihres Yoga-Lehrers, der auch mit Sting und Annie Lennox herumjettete. »Für diese Leute ist es wahnsinnig schwierig, unterwegs ihre Routine einzuhalten«, sagte Jules Paxton, »da ist es schon wichtig, dass ich dabei bin und ihnen helfe, sie an ihre Diätvorschriften erinnere, sie zum Üben antreibe.« Er sucht auch das passende Zimmer aus und nervt den Hotelkoch mit seinen Anweisungen. Für zirka 15 000 Dollar die Woche. Was ist mit seinem Yoga? Wann übt er? Und was ist mit dem Niyama Genügsamkeit?

»Engagieren diese Leute etwa auch jemanden, der ihnen morgens die Zähne putzt?«, fragte Sharmila nur, nachdem ich ihr diese Geschichte erzählt hatte.

Laut einer Berechnung, die das *Yoga Journal* 2003 anstellte, machen rund achtzehn Millionen Amerikaner Yoga und geben dafür durchschnittlich 1500 Dollar pro Jahr aus. Macht 27 Milliarden Umsatz jährlich – also fast so viel wie Microsoft und Dow Chemical, wenn denn Yoga Inc. eine Firma wäre.

Ist das gut, ist das schlecht, ist das einfach the American way? Doch neue Studios in Europa bieten dasselbe Arsenal von Yoga-Must-Haves an, ich möchte sogar behaupten, dass sie noch mehr Wert auf den schicken Yoga-Stil legen als die modisch sowieso überforderten Amerikaner. Manche Yoga-

Unentbehrliche Yoga-Accessoires:

* Yoga-grip: Handschuhe und Socken mit Gumminoppen, ersetzen die Yoga-Matte
* Yoga-floor: ein zusammenklapp- und tragbarer Holzboden für die, die nicht gern auf dem Teppich üben
* Yoga-Duftöl: unterstützt das Gelingen spezifischer Übungen
* Yoga-Matten-Frischhaltespray
* Yoga-Schmuck
* Yoga-T-Shirts (»OM«)
* Anti-Yoga-T-Shirts (»Fuck Yoga«)
* Gruß- und Geburtstagskarten mit yogischer Message
* Buch über Schlampenyoga

Lehrer wie zum Beispiel Dr. Jayadeva Yogendra bedauern das. »Wenn ich sehe, was Yoga im Westen ist, wünschte ich, mein Vater hätte es gelassen, wo es hingehört, bei den Eremiten in ihren Höhlen!«, sagt der Sohn von Sri Yogendra, der als einer der Ersten Anfang des 20. Jahrhunderts Yoga nach Amerika gebracht hatten. Andere Yoga-Lehrer begrüßen alles, was zu größerer Verbreitung der Lehre führt. T.K.V. Desikachar vertritt die Ansicht, dass Yoga den Umständen des Einzelnen angepasst werden muss, die gezwungenermaßen in Los Angeles nicht dieselben sein können wie im südindischen Chennai (dem ehemaligen Madras).

Doch geht das wirklich nicht ohne Gadgets? Ohne Yoga-Merchandising, das ja tatsächlich noch das von Harry Potter übertrifft: Wir haben das Video zum Buch, das T-Shirt zum Studio, die Matte zum Om. Es fehlen nur noch die Legosets und Plastikspielzeuge, die man in Fastfutter-Tüten findet. Theoretisch könnte man Yoga-Studios ja auch ohne Verkaufsecke betreiben – aber würden wir dann noch hingehen?

Würde ich dann noch hingehen?

Schuldbewusst schaute ich an mir herunter, zu den neuen Stiefeln, den schon wieder gefüllten Taschen. Ich könnte zwei Wochen lang jeden Tag andere Yoga-Sachen montieren. Was ich nicht tun würde, weil es mir in meinen Schlabberpyjamas wohler war.

Okay, genug gekauft. Wenn ich mich beeilte, würde ich es noch zur zweiten Nachmittagsstunde schaffen. Wenn nicht… Moment, nur ganz kurz schauen, nur auf dem Weg zum Aufzug – die haben doch nicht etwa… Yogini-Barbies???

fuck yoga

Falsch gewickelt
oder Der große Yoga-Sexmarathon

Drehsitz heißt es eher holprig auf Deutsch, ich bevorzuge das frische englische Twist – gemeint sind Stellungen, bei denen der Oberkörper, und damit die Wirbelsäule, ausgewrungen wird wie ein nasses Handtuch. Und das hat die Wirbelsäule manchmal dringend nötig. Was sich da alles ansammelt an einem langen Tag am Schreibtisch, am Steuer, in der Hängematte... Eine andere Interpretation ist, dass sich im Twist die vordere, die bewusste Seite des Körpers der hinteren oder unbewussten zuwendet.

Ardha-Matsyendrasana heißt eine meiner Lieblingsstellungen, König der Fische, bei der man sich ganz um sich selbst kringelt wie ein... König der Fische? Was soll das überhaupt sein? Bei König der Fische denke ich ehrlich gesagt erst mal an zu sehr von sich überzeugte, sozusagen »fischige« Liebhaber – Sie kennen den Typ.

Doch zu dieser Stellung gehört eine wahrhaft wunderbare Geschichte: Matsyendra wurde als kleines Kind ins Meer geworfen, weil seine Geburt unter einem unglücklichen Stern gestanden hatte. Ein riesiger Fisch verschluckte ihn sogleich und trug ihn auf den Meeresgrund. Im Fischbauch konnte Matsyendra hören, wie Gott Shiva in seinem geheimen Höhlenversteck seine Frau Parvati in die Geheimnisse des Yoga einweihte. Zwölf Jahre verbrachte Matsyendra yogierend im Fischbauch, bis er als fertiger Meister ausgespuckt wurde.

Ardha-Matsyendrasana – eine Stellung, in der man zwölf Jahre in einem Fischbauch überlebt und damit sicherlich auch den einen oder anderen Schnösel...

Wieder warteten wir auf einen Star der Yoga-Szene. Ein aufgeregtes Sirren lag in der Luft. In der ersten Reihe, gleich vor mir, drängten sich junge Frauen mit glänzenden Haaren, die attraktiv verbrezelt und leicht bekleidet den Punkt fixierten, an dem der Lehrer auftauchen würde. Yoga-Groupies. Ich hatte von ihnen gehört, aber noch keine kennen gelernt. Alice hatte eher Verrückte angezogen, die ihr nachts vor dem Studio auflauerten und sie der Hexerei beschuldigten.

Neben mir eine aufgeregte Yogal-Lehrerin aus Wisconsin mit rot und blau gestreiften Haaren. Sie hatte den Lehrer im Aufzug gesehen. »Er sieht so jung aus«, sagte sie, »unglaublich!«

Die Spannung stieg. Als er endlich auftauchte, ein jugendlicher Fünfzigjähriger in Badehosen und Klippmikrofon, ging ein Seufzer durch die Reihen. Und ich kann nicht einmal mit absoluter Gewissheit behaupten, dass über meine Lippen keiner kam ...

Er paradierte vor der ersten Reihe auf und ab, warf sich gleich in spektakuläre Stellungen, die nachzumachen er uns untersagte, was aber ein paar Unverbesserliche nicht abhalten konnte. In seiner Art zu flirten und zu zwinkern lag etwas entwaffnend Jungenhaftes, Ungeschicktes. Wie ein Mittelschüler kam er immer wieder, mit kaum unterdrücktem Kichern, auf Körperfunktionen zu sprechen – Verdauung! Fort … kicher … pflanzung! Die Groupies warfen die Haare zurück und bleckten die Zähne. Als es schließlich daran ging, die Ferse in den Mula-Bandha im Beckenboden zu bohren, verlor er gänzlich die Fassung. »Das Aktivieren des Mula-Bandha ist gut für … äh … für … kicher … alles Mögliche!« Die Groupies in der ersten Reihe hyperventilierten wie in einem Rockkonzert. Die Stunde war gelaufen.

»Yoga hunks!«, versprach die Zeitschrift *People* auf der Titelseite. Im Heft waren auf einer Doppelseite gut aussehende Yoga-Lehrer in knapper Kleidung und gewagten Verrenkungen abgebildet. Komplett mit Maßen, Familienstand und Verfügbarkeit.

Warum lässt sich ein ernsthafter Yoga-Lehrer auf so etwas ein? Weil er die Publicity braucht? Die zu mehr Schülern, mehr Videoverkäufen, mehr Geld führt? Obwohl er so ziemlich alle yogischen Gesetze gleichzeitig verletzt? Was ist mit Genügsamkeit, Enthaltsamkeit, nicht mehr nehmen, als einem zusteht?

Ich frage ja nur.

Plötzlich ist Yoga sexy – da können sich die Heiligen lange im Grab umdrehen. Wie kommt das? Yoga ist – egal, was Ihnen der touchy-feely Kollege im Kopierraum weismachen will – noch nie eine Technik zur Verbesserung der sexuellen Leistung gewesen. Und wenn Ihnen der Kollege erzählt, wie er gelernt habe, seine Orgasmen über die Wirbelsäule in den Kopf umzuleiten, sagen Sie freundlich: »Schön für dich.« Und verlassen Sie den Raum. Lassen Sie sich nicht darauf ein, den Kollegen zu seinem Yoga-Kurs zu begleiten! Tantra-Yoga hat entgegen allen geflüsterten Gerüchten nichts mit sexuellen Praktiken zu tun, sondern ist eine Methode, die sexuelle Energie zu sublimieren. Umzuleiten – durchaus in den Kopf, wie der Kollege behauptet, aber nicht, um so beim Geschlechtsverkehr länger mitzuhalten, sondern um an Gott zu denken. Sprich: Ziel ist es, langfristig ganz ohne Sex auszukommen. Und wer will das schon. Bestimmt nicht Ihr Kollege.

Doch noch schwieriger als ohne Sex zu leben ist es, ohne Sex Geld zu machen. Verkaufen kann man nur, was sexy ist, folglich muss auch Yoga »sexy« sein – hier muss ich kurz abschweifen, denn sexy ist eines meiner Lieblingsthemen. Beziehungsweise der inflationäre Gebrauch dieses Adjektivs. Ich bin dafür bekannt, dass ich meine Freundinnen anfauche, wenn sie mir von ihrem »sexy Computer« erzählen oder davon, dass sie endlich diese »sexy Knäufe« für die Küchenschränke gefunden haben oder die Geburt von Emily mit den Worten »the sexiest baby in the world!« ankündigen. Da muss ich mich aufregen, bis sie mir Zuckerkugeln zwischen die Lippen schieben, die gut auch Beruhigungsmittel enthalten könnten.

Aber zurück zum Thema: Yoga ist also sexy. Trotzdem war es ein mittlerer Skandal, als aufgedeckt wurde, dass der aus Funk und Fernsehen bekannte und ziemlich gut aussehende Yoga-Lehrer Rodney Yee Affären mit seinen Schülerinnen hatte. Seinen *erwachsenen* Schülerinnen, muss ich dazusagen. Die wussten, dass Yee verheiratet war, eine Tatsache, die sich nur schwerlich verbergen ließ, da das Ehepaar zusammen ein Yoga-Multiplex betrieb. Außerdem betonte er in Interviews oft seine Familienvater-Seite, behauptete zum Beispiel, seine Yoga-Übungen zusammen mit seinen kleinen Kindern zu machen, die zwischen seinen Beinen hindurchkrabbelten und auf seinen Rücken kletterten. Eine oft fotografierte Szene – süüüß! Da traut sich keine Frau mehr, von ihrer Bande etwas Ruhe zu fordern, damit sie üben kann. Aber darum geht's nicht. Yee gab auch gern Auskunft über seine Ehe, die durch Yoga erst richtige Tiefe gewonnen hatte, beständig wurde.

Bis zur Scheidung eben.

Die Aufregung um Rodney Yee hatte etwas Künstliches, etwas Geheucheltes, erst recht in der sich sonst immer als so liberal rühmenden San Francisco Bay Area. Immerhin war diese Gegend die einzige, die felsenfest Bill Clintons Recht auf ein Privatleben verteidigt hatte, wie immer dieses sich auch gestalten mochte. Doch was für einen Präsidenten gut genug ist, gilt offenbar nicht auch für einen Yoga-Lehrer. Glaubte wirklich irgendjemand ernsthaft, Rodney Yee sei ein Guru, ein religiöser Führer, ein heiliger Mann? (Nicht, dass diese nicht auch … geschenkt!)

Vielleicht ist es die vage Vorstellung, dass Yoga eigentlich mehr sein sollte als Beschäftigungstherapie für gelangweilte XYZ-Generationler?

> Yogini, 29, 51 Kilo, beweglich (zwei Jahre Yoga, vor allem Bikram) sucht gleich gesinnten Mann zwecks Aufbau einer reinen, tiefen Beziehung. Möchte mit dir zusammen fortgeschrittene Stellungen bewältigen, Körpergifte ausschwemmen und ein entschlacktes Leben führen. Raucher, Fleischfresser zwecklos! E-Mail an …
>
> Yogi-Bär, 54, nicht ganz schlank, aber hingabefähig. Mache seit zehn Jahren Yoga und meditiere drei bis vier Stunden täglich. Suche ruhige, verantwortungsbewusste Frau (23 bis 37, schlank, gelenkig), die meinen Tagesablauf respektiert und meine spirituellen Bedürfnisse würdigt. Stille ist mir wichtig, Natur, brauche viel Platz für meine Gedanken. Geld kein Hindernis. Chiffre …

> Arbeitest du auch schon an der dritten Serie des Ashtanga-Yoga und suchst dafür einen ernsthaften Partner? Hast du es auch satt, dass niemand versteht, wovon du redest, wenn du sagst: »Ich krieg meine Bandhas heute einfach nicht richtig warm«? Nervt es dich, wenn deine Umgebung ständig deine Fastenwochen sabotiert? Dann bin ich (Mann, 34, indienerfahren) vielleicht dein Karma. Bitte keine Anfänger! Namasté!

Lauter bewegliche junge Menschen, die sich leicht bekleidet in einem gut beheizten Raum verrenken – da können die Gedanken schon einmal wandern. Doch im Yoga-Studio entstehen erstaunlich selten Beziehungen und Affären. Das mag unter anderem damit zusammenhängen, dass die Attraktivität eines jungen Mannes – wenigstens für mich – sofort rapide abnimmt, wenn er anfängt, von seiner Verdauung zu erzählen. Überhaupt reden Yoga-Schüler am liebsten über sich selbst, über ihr körperliches Befinden und ihre yogischen Fortschritte, die sie am Schlangenmenschenfaktor messen.

»Ich bin froh, dass ich heute meine Spannungen im Schulterbereich abarbeiten konnte«, sagen sie etwa zueinander. »Dafür haben meine Hüften irgendwie nicht mitgemacht, ich frage mich, warum das so ist. Meine Hüften sind doch sonst so offen! Vielleicht ist es der Ärger bei der Arbeit, der mich da so belastet? Was meinst du?«

»Glaub ich nicht, aber hast du gesehen, wie ich mich heute in den Handstand hochgestemmt habe? Willst du es noch einmal sehen?«

Wenn sich zwei finden, dann eher um gemeinsam die Stufen der Yoga-Leiter zu erklimmen. Doch an der Liebe haben sie selten Interesse, sie befassen sich lieber mit dem eigenen Körper. Die Liebe setzt aber eine Hinwendung zum anderen Körper voraus.

Und so war es ursprünglich auch gedacht: Nicht umsonst sagt einem keiner, dass diese anstrengenden, sportlichen Schwitzhütten-Yoga-Formen alle – alle! – auf ein System zurückgehen, dass Sri Krishnamacharya vor nicht ganz hundert Jahren entwickelt hatte, um die ihm anvertrauten Jünglinge aus reichen Brahmanenfamilien unter Kontrolle zu halten. Sprich, sie so zu erschöpfen, dass sie keine Dummheiten mehr machen konnten. Dass sie nicht mehr an Sex dachten.

Wollen wir das wirklich? Und was bitte fangen wir dann mit dem so hart erarbeiteten Yoga-Po an?

Meine nächste Stunde hatte ich bei einem Yoga-Hippiepaar, auf das ich mich besonders gefreut hatte: Finde dein eigenes Yoga! So versprach die Kursbeschreibung. Löse dich von den Fesseln restriktiver Schulen. Praktiziere frei von allen Zwängen!

Frei von allen Zwängen? Hätte ich da nicht aufmerken müssen?

Der Kurs artete schnell in Streichelübungen zwischen Menschen aus, die schon viele gemeinsame Yoga-Wochenenden in dichten, grünen Wäldern verbracht hatten. Eine andere Art von Groupies als beim Yoga-Superstar: Die Teilnehmer wetteiferten im Befreitsein. Schüttelten sich, stampften, stöhnten... Da konnte ich nicht wirklich mithalten. Irgendwie brachte ich es aber fertig, neben dem einzigen allein stehenden Mann im ganzen Raum Platz zu nehmen, als schon zur gefürchteten Partnerübung gerufen wurde. Er war ein blasser, knochiger Typ, der sich selbst als Heiler bezeichnete. Mit nackten Füßen sollte ich auf den Oberschenkeln des Partners balancieren und mit den Händen dessen Hinterbacken kneten. Der Mann hatte schwarze Haare auf den Zehen, wofür er vermutlich nichts konnte, und diagnostizierte bei mir, nicht ganz unrichtig, sofort eine tief sitzende Verklemmtheit. Die ganze Enttäuschung über diese Konferenz saß wohl in meinen Hüften fest …

Bevor ich auf seine knochigen Schenkel klettern musste, floh ich aus dem Saal, unter Zurücklassung einer brandneuen Yoga-Matte und einer fast vollen Wasserflasche.

Ich nahm ein Taxi nach Hause – darauf kam es jetzt auch nicht mehr an.

»Na, Sie waren wohl auf einer Konferenz«, sagte der Fahrer – ich hatte noch meinen Pass umgehängt. »Was war's denn? Lassen Sie mich raten – Zahnärzte? Dermatologen? Ich wette, Dermatologen – Sie haben eine so gute Haut.«

Im Geist verdoppelte ich sein Trinkgeld. Darauf, wie gesagt, kam es nach diesen drei Tagen auch nicht mehr an.

»Ich war auf der Yoga-Konferenz«, gestand ich, unbestimmt beschämt, so wie vor Jahren am Mittagstisch einer Freundin in Kairo, nachdem mein Sohn gerade allen anderen (kultivierten, weltgewandten) Gästen aufs Pfund genau vorgerechnet hatte, wie viel Geld ich in einer Touristenfalle losgeworden war. So ähnlich erschien mir Yoga nun, als Ergebnis dieser Konferenz – reiner Nepp.

»Yoga«, schmunzelte der Fahrer, »na, sagen Sie bloß! Gibt's das denn noch?«

Das war die Frage.

Man schlängelt sich so durch *oder* Yamas für den Hausgebrauch

Man nennt sie die Baby-Kobra: auf dem Bauch liegend den Kopf nur leicht anheben, auf die Ellbogen stützen und dabei die Arme gegen den Körper ziehen. Eine erstaunlich anstrengende und unbefriedigende Übung, die als Vorbereitung für die schwierigere, aber befreiende Kobra gemacht wird. An der Baby-Kobra führt kein Weg vorbei, und da liegt man nun und der Kopf will nach oben, die Arme wollen sich strecken, die Schlange will sich umschauen. Das ist das Bhujangasana, die Kobra – wörtlich: Schlangenstellung.

Für Schlangen hatte ich schon als Kind eine besondere Schwäche: Jedes Jahr besuchte ich die Schlangenausstellung im Hallenstadion – allein. Ich war bald Expertin darin, giftige und ungiftige Arten anhand von Pupillenform und Anzahl der Schuppenreihen zwischen Kiefer und Auge voneinander zu unterscheiden – obwohl man dazu so nahe an die Schlange herangehen muss, dass sie einen längst gebissen hätte, bevor man zu einer Entscheidung gekommen wäre.

Eine Familie in unserer Straße besaß eine junge, kaum meterlange Boa, die regelmäßig entwischte. Wenn wir von der Schule nach Hause kamen und die Nachbarinnen auf den Küchentischen standen, wussten wir: Bei Hellers ist entweder die Schlange los oder

der Alligator oder gleich beide. Ich habe die Schlange mehrmals gefunden und zurückgetragen. Sie wickelte sich mit erstaunlicher Kraft um mein Handgelenk und drückte zu. Sie fühlte sich kühl an, geschmeidig, kräftig und irgendwie teppichartig.

Schlangen sind uns fremder als andere Tiere: ihre Art sich zu bewegen, anzugreifen, die Beute zu verschlingen, sich zu häuten – kein Wunder, dass ihnen magische Kräfte zugeschrieben werden, und das nicht erst seit Harry Potter.

Die sagenumwobene Kundalini-Shakti, die je nach Interpretation eine schlummernde Lebensenergie ist, die durch Yoga geweckt werden kann, oder aber eine Blockade des Energieflusses entlang der Wirbelsäule, wird als eine im menschlichen Becken zusammengerollte Schlange dargestellt. Und diese Schlange will sich bewegen.

Jetzt endlich die Arme durchstrecken, den Kopf in den Nacken legen, die Augen schließen, reglos in der Sonne: Das ist das Bhujangasana, die Kobra. Es sieht nur so aus, als schliefe sie.

Am Tag nach der Yoga-Konferenz hatte ich vom ungewohnt vielen Üben – oder vom Geldausgeben – einen Muskelkater, der mich ans Bett fesselte, und eine mittlere Depression.

Vor Jahren wollte mich eine sehr enge Freundin mit ihrem Bruder verkuppeln, der lange im Ausland gelebt hatte und nun bald zurückkommen sollte. Monatelang schwärmte sie mir von ihm vor und war ganz sicher, dass wir füreinander geschaffen waren. Mit der Zeit glaubte ich das auch. Noch bevor ich den Mann traf, schlief ich mit seinem Bild unter dem Kopfkissen. In diesen Monaten war ich blind für andere Männer – ich wusste ja schon, an welchem Tag, zu welcher Stunde ich *ihn* kennen lernen würde. Den Richtigen. Feierlich wie eine Braut trat ich zum Rendezvous in einem teuren und überfüllten Restaurant an. Dass sich beim Aufstehen mein Wickelrock löste, war an diesem Abend die kleinste Katastrophe.

Egal.

Mit der Yoga-Konferenz war es ähnlich gewesen: Ich hatte jeden Anspruch auf ein eigenes Yoga aufgegeben, auf den Tag genau abgelegt, an dem mir die im Voraus und per Kreditkarte bezahlte Erleuchtung präsentiert wurde. Das Patentrezept. Yoga – leicht gemacht.

Die Frage des Taxifahrers ging mir nicht aus dem Kopf – Yoga, gibt's das denn noch?

Und wenn ja, welches ist das *wahre* Yoga?

Das Einzige, was mir – abgesehen von den sehr schönen Stiefeletten – von diesen drei Tagen geblieben war, war das Wissen um die erschreckende Gehässigkeit, die die Vertreter der verschiedenen Schulen füreinander hegten.

Und was bedeutete das nun für mich? Was sollte ich also davon halten, dass mir so unterschiedliche Yoga-Klassen zusagten wie die sanfte, konzentrierte Stunde nach Yesudian, die ich mit meiner Mutter besuchte, und das verschwitzte Mysore-Morgentraining bei Alice?

Beides stille Stunden. Doch das fiel mir da noch nicht auf.

Die Konferenz hatte mir, bei aller Vielfalt im Angebot, das Gefühl vermittelt, ich müsse mich für eine Schule entscheiden und mich dieser dann auch verpflichten. Alle anderen ablehnen. Das wollte mir einfach nicht einleuchten – wofür gab es denn diese Vielfalt, wenn ich sie nicht auskosten konnte? Andererseits hatte ich immer schon Probleme mit der Entscheidungsfindung. Kind oder Beruf? Die roten Stiefel oder die schwarzen? Ich will immer beides.

Ashtanga-Yoga oder Yesudian? Ashtanga...? Da plötzlich fiel mir etwas ein, das Alice jeweils nach Ende der Stunde aus den Yoga-Sutras von Patanjali vorgesungen hatte. Yama-niyama-asana ... wie war das gleich?

Ich hatte vier Bücher mit Übersetzungen der Sutras zu Hause, die ich alle nicht verstand, aber dazu später. Ich blätterte also in einem dieser Bücher nach, und da war es, Yoga-Sutra 2:29. Yama-niyama-asana-pranayama-pratyahara-dharana-dhyana-samadhayo 'shtav angani.

Dies sind die acht Stufen von Yoga:
Yama – bedeutet Kontrolle, Selbstbeherrschung und stellt Regeln für den Umgang mit der Welt auf,
Niyama – bedeutet Disziplin und stellt Regeln auf für den Umgang mit sich selbst,
Asana – Yoga-Stellungen,
Pranayama – Kontrolle des Atems,
Pratyahara – Ausschalten der sinnlichen Wahrnehmung,
Dharana – bedeutet Konzentration, die Aufmerksamkeit in eine bestimmte Richtung lenken,
Dhyana – wird der Zustand genannt, wenn eine Verbindung zwischen dem Geist und dem Objekt der Konzentration hergestellt wird,
Samadhi – Einswerden mit dem Gegenstand der Meditation, ein überbewusster Zustand.

Das ist das eigentliche Ashtanga-Yoga. In diesem Sinn ist jedes Yoga Ashtanga-Yoga. Nicht Pattabhi Jois oder Krishnamacharya hat es erfunden, sondern es steht so in den über zweitausend Jahre alten Sutras.

Yoga hat acht Beine. Acht Beine wie eine Spinne. Man stelle sich nun diese Spinne vor, wie sie auf einem einzigen dicken Bein, dem dritten, dem Asana-Bein, herumzukriechen versucht – wie das viele Yoga-Lehrer predigen. Unmöglich. Das wäre nur insofern wünschenswert, als ich panische Angst vor Spinnen habe und eine einbeinige mich wohl kaum bis in mein Bett verfolgen könnte, um mir dann im Dunkeln übers Gesicht zu krabbeln – aber wir reden ja von Yoga. Von Yoga-Richtungen, die sich spinnefeind sind – obwohl sie alle ein und denselben Ursprung haben.

Irgendwie versöhnte mich dieses Bild mit dem ganzen Yoga-Zirkus – das erste Mal, dass eine Spinne eine positive Reaktion in mir auslöste!

Yoga ist einfach Yoga. Es gehört niemandem. Oder allen. Auch mir.

Ich würde also noch einmal ganz von vorn anfangen: mit der ersten Stufe, den Yamas, den fünf Verhaltensregeln, die sich auf die Kontrolle der menschlichen Impulse beziehen. Ich seufzte. Dass ich da als Schlampe nicht würde mithalten können, war eigentlich klar. Wetten, dass »Du sollst kein Geld zum Fenster rauswerfen« eines dieser Gebote war?

Warum soll man sich überhaupt mit den Yamas und den Niyamas herumschlagen? Oder, wie sie ein amerikanischer Swami nennt, mit den Yoga do's and don'ts? Reicht es nicht, dass man endlich seine Zehen erwischt? Macht einem das Leben nicht schon genug Vorschriften? Kann man nicht einfach zur Stunde antreten und kräftig schwitzen?

Natürlich kann man das. Aber warum ans Meer gehen und dann die Schuhe nicht ausziehen, die Zehen nicht in den nassen Sand graben, ins eiskalte Wasser? Warum wie der sprichwörtliche Besucher aus der Schweiz mit verschränkten Armen am Strand stehen, den endlosen Horizont anstarren und verächtlich sagen: »Das Meer hab ich mir aber größer vorgestellt.«

Yoga ist größer.

Und gleichzeitig weniger kompliziert, weniger einschüchternd, als man denkt.

Betrachten wir also die Yamas einmal vom Schlampenstandpunkt aus: Wie schneide ich da ab?

Yama Nummer eins ist Ahimsa, Gewaltfreiheit. Die meistgehörte Interpretation ist natürlich: Du sollst nicht töten – und deshalb auch kein Fleisch essen. Eine vegetarische Kost macht von verschiedenen Standpunkten aus gesehen Sinn. Es ist gesünder, ökologischer, verantwortungsbewusster und wie gesagt: yogischer. Leider ist es aber eine oft beobachtete Tatsache, dass Menschen, die sich vegetarisch, veganisch, makrobiotisch oder rohköstlerisch ernähren, einer ähnlichen Form der Selbstgerechtigkeit verfallen wie wiedergeborene Christen: Sie fühlen sich gleich als bessere Menschen und benehmen sich dementsprechend anmaßend, verächtlich und herablassend. Damit werden sie Ahimsa ebenso wenig gerecht wie die nette, fleischfressende Schlampe von nebenan. Oder eigentlich eher weniger.

T.K.V. Desikachar interpretiert Ahimsa nicht nur passiv als Gewaltvermeidung, sondern aktiv, als freundlichen und respektvollen Umgang mit sich selbst und dem Rest der Welt. Freundlichkeit ist eine ganz und gar unterschätzte Qualität – jemanden als nett zu bezeichnen heißt bei uns ja so viel wie »Er ist nichts Besonderes«. Wie wichtig jedoch Freundlichkeit im Alltag ist, merkt man erst, wenn man zum Beispiel einen Ort wie Zürich verlässt, wo das ständige Angeschnauztwerden zum Leben gehört, und sich nach wenigen Tagen schon bei einem Lächeln ertappt.

Eine Übung, die ich in meinen Creative-Writing-am-Stubentisch-Kursen gern vorschlage, besteht darin, sich in drei Begriffen selbst zu beschreiben. Diese werden auf Karten geschrieben, gemischt, neu verteilt und in Geschichten eingebaut.

»›Fett‹ gilt aber nicht«, muss ich dabei immer hinzufügen, besonders, wenn es sich um eine Gruppe von jungen Frauen handelt, »und ›dumm‹ auch nicht!«

Die Idee dazu kam mir eines schönen Tages in der Ehetherapie. Die mütterliche Therapeutin gab uns die Aufgabe, zehn Eigenschaften aufzulisten, die wir an uns selbst mögen. Zehn! Eigenschaften! Und während mein Mann eifrig mit dem Bleistift über das Papier kratzte und schon bald eine neue Seite brauchte, kaute ich an meinem, bis der Gummi ab war. Nach langem Zögern und Überlegen kam ich gerade mal auf zwei. Zwei. Die Therapeutin seufzte schwer, aber nicht überrascht. Frauen neigen nun einmal dazu, auf eine überkritische innere Nörgelstimme zu hören.

Ahimsa, Gewaltfreiheit, fängt bei einem selbst an: Liebe deinen Nächsten wie dich selbst.

Der zweite Yama ist Satya, Wahrheit – ein Konzept, mit dem ich immer schon meine liebe Mühe hatte. Ohne Ausnahme werden meine Anekdoten bei Familienessen mit »Aber so war es doch üüü-ber-hauuupt nicht!« abgeschmettert. »So war es aber für mich«, traue ich mich manchmal zu erwidern, und dann kommt das nachsichtige: »Na ja, deshalb bist du ja auch Schriftstellerin ...« (Hier muss ich anfügen, dass es in meiner Familie kaum Mitglieder gibt, die *nicht* schreiben. Aber gut.)

Ein anderes Schreibexperiment, das ich gern durchführe, besteht darin, zum Beispiel eine Schüssel voller Trauben auf den Tisch zu stellen und beschreiben zu lassen. Es gibt

Leute, die bleiben bei den Trauben, gehen auf Farbe und Konsistenz und das Sonnenlicht ein, das sich in der Schüssel spiegelt. Andere berichten von orientalischen Prinzessinnen, denen die Trauben gehäutet zwischen die Lippen geschoben werden. Wieder andere erzählen von Rotweinräuschen, Giftmordversuchen oder gut gebauten Winzern im Unterhemd. Und es sind immer dieselben Trauben, in derselben Schüssel, auf demselben Tisch. Wer hat also Recht? Und wer entscheidet das?

Es fasziniert mich immer, wenn Politiker, Journalisten oder Yoga-Lehrer behaupten, die Wahrheit – die einzige Wahrheit – zu kennen. Woher nehmen sie diese Gewissheit? Wie bringen sie es fertig, alle anderen Wahrheiten so konsequent auszublenden? Die Geschichte zeigt, dass es verheerende Folgen hat, wenn jemand die Wahrheit für sich beansprucht und notfalls mit Gewalt verteidigt.

Satya kann also nur die eigene Wahrheit meinen: diese unaufdringliche und deshalb leicht zu überhörende Stimme im Hinterkopf, diese Nebenher-Gedanken, die man gern beiseite schiebt, weil sie gerade nicht ins Konzept passen. Satya heißt, auf diese Stimme zu hören, heißt, sich selbst treu zu bleiben, nicht Ja zu sagen, wenn man Nein meint.

Es gibt eine schöne Mudra, eine Geste, die manchmal zum Abschluss einer Yoga-Stunde ausgeführt wird: Die Hände werden gefaltet, die Daumen berühren kurz die Stirn, den Mund und das Herz, um an reine Gedanken, reine Sprache, reine Absicht zu erinnern – »rein« nicht im katholischen Sinn, sondern pur, unverfälscht. Das ist Satya.

Asteya: nicht stehlen. Als Kind konnte ich genau nachfühlen, warum die Elster den Kaffeelöffel vom Balkontisch klaut. Dieses brennende Verlangen nach einem beliebigen Gut: Das ist Steya. Asteya ist die Abwesenheit davon.

In meinem Fall war es eine Dose Nivea-Creme. Unbedingt wollte ich die haben, ich hatte mir in den Kopf gesetzt, diese Dose würde mein Leben endlich in die richtigen Bahnen lenken, ihm Sinn verleihen. Verständlicherweise meinte meine Mutter, eine Neunjährige brauche keine Nivea-Creme. Ich ging also nach der Schule mit einer Freundin in den Dorfladen und klaute die blaue und gleich auch noch eine orangefarbene Dose, ich glaube, sie hieß Creme 21. Und einen Augenblick lang löste der Anblick dieser brandneuen, glänzenden, knallfarbigen Dosen das Versprechen ein: Ich war glücklich. Alles war gut. Und weil das so gut geklappt hatte, gingen wir eine Weile lang jeden Tag nach der Schule in den Laden und stopften unsere Schultaschen mit Süßigkeiten und Haarbändern voll, bis uns aus dem Nichts eine Art religiösen Schamgefühls überfiel. Wir schlichen uns in die Kirche gleich gegenüber und deponierten unser Diebesgut auf der Kanzel. Ich frage mich noch heute manchmal, was der Pfarrer sich dachte, als er seine ganze Kanzel voller Süßigkeiten fand, und zwischen den Seiten seiner Bibel sogar Kaugummistreifen.

Die göttliche Strafe kam erst Jahre später, während der Buchhändlerlehre. Ich war in den nahen Laden geschickt worden, um Kaffee zu kaufen. Ich hatte zwei Schokoladenriegel aus dem Regal genommen und kurz vor der Kasse wieder zurückgelegt, allerdings nicht an ihren angestammten Platz, sondern einfach neben die Kasse, zu den Kaugummis. Der dicke junge Mann mit dem Klebehaar sprang auf und hinter der Kasse hervor: »Du wolltest die klauen! Ich hab's genau gesehen!«, schleppte mich in den Keller und drückte mich gegen eine Wand. Ich ließ es über mich ergehen. Natürlich hatte ich an diesem Tag nichts gestohlen, aber was war mit all den anderen Malen? Die Strafe schien mir verdient. Und deshalb glaubte mir auch niemand, am allerwenigsten mein ohnehin übellauniger Chef, der mich für 50 Schweizer Franken auslösen musste.

Der vierte Yama – jetzt wird es wirklich interessant – ist Brahmacharya, wörtlich übersetzt: »der absoluten (göttlichen) Wahrheit folgen«. Meist wird er als sexuelle Enthaltsamkeit interpretiert. In unterschiedlichen Strengegraden: von der Keuschheit über die zweckgebundene Fortpflanzerei bis zur vernünftigen, geregelten Sexualität. Die Idee ist, die Kraft der alles bestimmenden sexuellen Energie auf etwas anderes zu richten, auf die Hingabe an eine höhere Wahrheit umzuleiten. Ein Konzept, das im heutigen, als sexy vermarkteten Yoga wenig Platz hat. Und definitiv weniger diskutiert wird als die neuesten Yoga-Lehrer-Sexskandale.

Ein Konzept, das sich sowieso in den vergangenen hundert Jahren gewandelt hat: Krishnamacharya zum Beispiel wurde von seinem Guru angewiesen, eine Familie zu gründen. Denn nur indem er das Leben ganz normaler Menschen führte, konnte er wirklich erfahren, was im Alltag von Yoga erwartet, was für ein Nutzen daraus gezogen werden kann. Und so lernte er im täglichen Zusammenleben mit seiner Frau ihre Kraft schätzen und kam zu der Überzeugung, dass der Ausschluss der Frauen von Yoga falsch sein musste, dass im Gegenteil Frauen bessere Yoga-Lehrer waren. Das also ist abgewandeltes Brahmacharya.

Und für die Schlampe? Keuschheit oder gezügelte Sexualität im Rahmen einer festen Beziehung, als Teil der Familienplanung? Mir persönlich scheint das Konzept einer vernünftigen Sexualität so widersinnig und absurd, dass ich mich eher noch der Enthaltsamkeit verschreiben könnte. Weshalb mein Leben auch (manchmal) so chaotisch, so fern jeder absoluten oder gar göttlichen Wahrheit ist.

Würde Abstinenz das Leben einfacher machen? Nicht wirklich. Eine große Leidenschaft ist wie eine Sucht, sie reduziert das Leben radikal auf eine Sache, einen Menschen, ein Begehren, eine Haut. Alles andere fällt ab – alles, was das Leben klein oder kompliziert oder langweilig oder überwältigend oder ermüdend macht. Diese ganze Fülle wird auf einen Punkt gebracht. Das aufzugeben ist wie eine Droge aufzugeben: Man muss sich dem Leben in seiner ganzen schmerzlichen Banalität stellen.

Trotzdem fasziniert mich die Idee von Brahmacharya. Im Freilegen dieser Energien muss eine große Kraft liegen. Im freiwilligen Heraustreten aus diesem Kreistanz eine ungekannte Unabhängigkeit. Stabilität. Ganz zu schweigen von relativer geistiger Gesundheit… Ich kann mich aber beim besten Willen nicht dazu entschließen. Stattdessen lasse ich es – wie immer in solchen Fällen – erst einmal eine Romanfigur ausprobieren: Lily. Mal sehen, wie es ihr bekommt.

Mein Sohn Lino musste kürzlich in der Schule ausrechnen, wie viel Platz er auf der Erde einnimmt, ausgehend von Wohnfläche in Quadratmetern und Brennstoffverbrauch in Litern und allen möglichen sonstigen Faktoren. Mit unseren, an amerikanischen Maßstäben gemessenen, bescheidenen Verhältnissen stand er im Klassendurchschnitt relativ gut da, brauchte aber immer noch dreieinhalbmal so viele Ressourcen, wie ihm zustehen würden, wenn es auf dieser Welt gerecht zuginge.

Das ist der fünfte Yama, Aparigraha, wörtlich: nicht zugreifen, nicht mehr nehmen, als man braucht oder als einem zusteht. T.K.V. Desikachar hat nach einem Workshop höflich alle Geschenke zurückgegeben, die ihm die begeisterten Veranstalter überreicht hatten, unter anderem einen jungen Redwood-Baum aus dem Yosemite Nationalpark. Na klar,

Die acht Beine des Yoga	**Die acht Beine der Schlampenspinne**
Yama	Pasta
Niyama	Tagesfernsehen
Asana	Chardonnay
Pranayama	Sommerschlussverkauf
Pratyahara	Klatschmagazin
Dharana	Sonnenblumen
Dhyana	Nougatpralinen
Samadhi	inoffizielle Feiertage

dachte ich, er will doch keinen Baum ins Flugzeug schleppen. Doch er erklärte, dass er grundsätzlich keine Geschenke annehme, weil sie ihm nicht zustünden, nachdem er schließlich schon bezahlt worden sei. Ein Argument, das die Veranstalter sichtbar verwirrte, geradezu verstörte. Sie versuchten, die kleine Tanne Desikachars Sohn Kausthub aufzudrängen, der sie auf einen Tisch stellte und später vergaß – westliche Höflichkeit.

Aparigraha ist mit Asteya verwandt, behandelt dasselbe Verlangen, dasselbe Begehren nach mehr. Mehr. Immer mehr. Unser Gesellschaftssystem gründet auf diesem Begehren, baut darauf, dass jeder Einzelne mehr einfordert, als er eigentlich braucht. Es ist bestimmt kein Zufall, dass sich zwei von fünf Yamas mit diesem Verlangen auseinander setzen. Aparigraha widerstrebt unserem westlichen Empfinden noch mehr als Brahmacharya.

Carpe diem ist unser Schlachtruf. Packen wir's an! Schnapp sie dir! Greif zu! So wie beim Surfen, wo es nur darauf ankommt, die richtige Welle zu erwischen, den richtigen Moment. Jede Welle kommt nur einmal. Und sie kommt schnell. Man kann nicht lange überlegen: Die Beine müssen entscheiden, aufspringen, der Körper das Denken übernehmen. Kein Wunder, dass ich meist Kopf voran im wirbelnden Wasser lande! Ich zögere immer einen Moment zu lange, wäge ab, lasse die Welle sanft unter meinem Brett durchrollen und springe, wenn überhaupt, zu spät auf, springe mit den Beinen hinter dem Kopf her, statt umgekehrt. Und ich empfinde das als Schwäche – nicht zupacken zu können. Carpe diem? Nicht mit mir. Das muss ich mir erst überlegen.

Doch das nächste Mal, wenn ich vom Surfbrett falle, werde ich mich nicht selbst beschimpfen, sondern mir sagen: Das ist eben meine Form von Aparigraha.

Die Yamas unterscheiden sich nicht wesentlich von anderen religiösen Vorschriften, den Zehn Geboten zum Beispiel. Diese Regeln sollen einfach das Zusammenleben von Menschen relativ stressfrei und gefahrlos organisieren, also ohne Mord, Totschlag und Chaos. Um das zu erreichen, gilt es in erster Linie, den Haifischinstinkt zu kontrollieren, der Menschen für andere Menschen so gefährlich macht. Und der den Schlampen ohnehin eher abgeht. Was also im täglichen Vergleich nach geltenden gesellschaftlichen Normen manchmal wie ein Versagen der Schlampe aussieht, ist in Wirklichkeit ein Leben mit – wenn auch minimalen – moralischen Grundsätzen. Natürlich das Letzte, was eine Schlampe von sich behaupten würde – aber gerade damit beweist sie es.

Na, das war doch gar nicht so schlimm. Hat überhaupt nicht wehgetan, wie in der Zahnpasta-Werbung. Obwohl ich bestimmt das eine oder andere Paar Stiefel mehr habe, als ich brauche oder mir zustehen würde – ich hab auch nie behauptet, ich sei eine Yogini –, so ist die Auseinandersetzung mit den Yamas inspirierend.

Beflügelt beschloss ich, mir die Niyamas auch gleich vorzunehmen.

In einer unbequemen Stellung ausharren *oder* Niyamas gegen die Midlifecrisis

»Ich will gar nicht, dass Yoga mein Leben verändert – nur meinen Po!«, hat Julia Roberts einmal gesagt.

Da empfiehlt sich das Utkatasana, die Hocke, in schneereichen Gegenden auch die Abfahrtsstellung genannt. Wörtlich übersetzt heißt Utkatasana die anstrengende oder unbequeme Stellung. Und das ist nicht übertrieben. Man geht in die Knie, bis man auf einem imaginären Stuhl sitzt, hebt die Zehen an, balanciert auf den Fersen, dann senkt man das Steißbein nach unten und drückt es nach vorn, hebt die Arme, streckt Brust und Gesicht nach oben. Der Körper wird wie eine Zickzacknaht in zwei entgegengesetzte Richtungen gezogen und würde sich am liebsten auf den Boden werfen und zusammenrollen. Doch da eine Interpretation von Yoga ist, in einer unbequemen Stellung ausharren zu können, sollte man auch ihr eine Chance geben. Am besten, man lacht innerlich darüber.

Denn das Utkatasana ist auch die Warteschlange vor dem Schalter in einem überfüllten und vom Nebel lahm gelegten Flughafen, ist die mit anstößigen Witzen gespickte Rede von dem betrunkenen Onkel Felix, ist der nicht enden wollende Nachmittag an einem Krankenbett, unter dessen dicken Decken man kaum mehr eine menschliche Form erkennt, ist das Warten auf die

Resultate, ist das Wissen, dass man sich entschuldigen muss, aber nicht weiß, wie – das Utkatasana ist jede schwierige Situation. Ist das Bedürfnis davonzulaufen, ist aushalten, weiteratmen.

Aber Anmut darf man dabei besser nicht von sich erwarten.

Mein Yoga-Kater war schon beinahe verflogen. Ich saß in meinem Lieblingscafé vor doppeltem Espresso und Süßigkeiten, mit einem Buch von T.K.V. Desikachar ausgerüstet, dem Sohn von Krishnamacharya, der – zum Glück – eine sehr menschliche und realistische Interpretation der Yoga do's and don'ts anbietet.

Im traditionellen Indien steht es Männern offen, im Alter allen Besitz abzuwerfen und »wandern« zu gehen. Sie haben ihre Pflichten erfüllt, eine Familie gegründet und ernährt, und können sich jetzt ganz der spirituellen Suche widmen: Ich habe genug geleistet, ich habe mein Soll erfüllt, die letzten Jahre gehören mir, ich kümmere mich jetzt mal um mich.

Natürlich kennen wir so etwas auch – wir nennen es: die Midlifecrisis. Das nagende Gefühl, dass das doch noch nicht alles gewesen sein kann. Dass man noch nie in einem offenen Kabriolett durch Paris gefahren ist, den warmen Wind im Haar. Unsere Midlifecrisis hat etwas Verzweifeltes, sie nimmt selten würdige Formen an. Vielleicht weil man dem Jetzt-bin-aber-ich-dran-Syndrom erliegt, übers Ziel hinausschießt, verbissen noch den letzten Tropfen aus diesem Leben herauszupressen versucht. Andererseits verdanken wir ihr auch so wunderbare Fernsehserien wie *Manchild*, in der Engländer mittleren Alters sich nicht einmal mehr den

Anschein von Vernunft und Verstand geben und zum Beispiel zur Anglerausrüstung gleich einen Flusslauf kaufen oder mit jungen Mädchen ausgehen, deren Väter sich als cooler und noch dazu jünger herausstellen als sie selbst.

Der traditionelle indische Wanderer hingegen gibt all seinen Besitz auf, verlässt sein Haus, seine Familie, lebt auf der Straße von Erbetteltem und verschreibt sich ganz der spirituellen Suche.

Ich weiß nicht, so ein Flusslauf hat doch etwas für sich. Ganz zu schweigen von der Kabriofahrt durch Paris …

Die Niyamas sind Regeln für den Umgang mit sich selbst, beziehen sich also auf die Gestaltung des inneren Lebens. Das heißt, sie halten einen schon vor der großen Krise dazu an, sich mit sich selbst zu befassen.

Der erste Niyama ist Shaucha, Reinlichkeit. Ich selbst würde mich eigentlich als recht reinlich bezeichnen, ich besitze schließlich eine dieser sauteuren elektrischen Zahnbürsten, die mithilfe irgendwelcher Wellen sämtliche Zwischenräume blank fegen sollen, ich wasche meine Handtücher öfter, als es ökologisch vertretbar ist, und meine Fantasien tragen mich meist in Betten mit frisch gestärkter weißer Wäsche.

Doch Yogis haben eine etwas extremere Vorstellung von Sauberkeit. Zu den so genannten Kriyas, den Reinigungsritualen, gehört zum Beispiel das Ausspülen der Nasenlöcher mit Salzwasser oder mit einem wassergetränkten Faden. Das Verschlucken salzwassergetränkter Stoffstreifen, die nach einer Weile Zentimeter für Zentimeter wieder aus dem Magen gezogen werden. Herbeigeführtes Erbrechen, Einläufe mit Salzwasser und das Starren auf einen Punkt, bis die Augen überlaufen.

Laut *Hatha-Yoga-Pradipika* 2:37 sollen diese Techniken nicht täglich angewendet werden, sondern die Behandlung von Leiden unterstützen, denen mit Asana und Pranayama allein nicht beizukommen ist. Zum Beispiel wird das tägliche Erbrechen in Entzugskliniken mit Erfolg angewandt.

Leider rufen in unserer Welt diese Techniken geradezu zum Missbrauch auf. Man erinnere sich an die unvergleichliche Dalida, die in einem Interview in den Achtzigerjahren zugegeben hat, das Geheimnis ihrer schlanken Linie beruhe auf einem »alten Yoga-Rezept«, nämlich: »große Mengen Salzwasser zu trinken und dann wieder auszukotzen«. Altes Yoga-Rezept – klingt doch viel besser als Bulimie!

Doch die in den Niyamas gemeinte Reinlichkeit soll ja die allgemeine Gesundheit erhalten, nicht sie zerstören. Gesundheit, wie gesagt. Nicht Figur. Gesundheit.

Die Vorstellung von einem potenziell »reinen« Körper ist der Schlampe eher fremd. Der Körper ist ebenso wenig »sauber« wie das Leben an sich. Na, Gott sei Dank, dachte ich und bestellte noch einen Espresso.

Der zweite Niyama, Samtosha, was Zufriedenheit und Genügsamkeit bedeutet, beschreibt auch nicht gerade eine westliche Tugend. Im Gegenteil, man wird von klein auf davor gewarnt, sich auf seinen Lorbeeren auszuruhen. Das Leben ist schließlich kein Sofa! Wer von sich und dem Leben nicht mehr erwartet, hat keinen Ehrgeiz, will nicht weiterkommen oder die Welt verändern. Wie würde die Welt aussehen, wenn sich alle Menschen bescheiden würden? Viele große Ideen sind aus der Unzufriedenheit geboren, Kriege und Katastrophen, Meisterwerke, Weltwunder, Revolutionen. Auch der Kapitalismus beruht auf Nicht-Genügsamkeit. Große Geister sind nicht zufrieden, große Yogis manchmal auch nicht.

Doch am allerwenigsten zufrieden sind Frauen – in erster Linie nicht mit sich selbst. Man könnte schließlich noch erfolgreicher, begehrter, kreativer, dünner, effizienter sein, mehr leisten, mehr erledigen, mehr putzen, mehr schreiben, malen, Kinder haben, mehr Schuhe …

Welche Frau kann schon reinen Herzens sagen, sie sei mit sich zufrieden? Na? Die Schlampe natürlich!

Der dritte Niyama ist Tapas, abgeleitet von der Sanskritwurzel tap, brennen, glühen, aber auch schmerzen. Tapas sind Feuer oder Brennöfen, die alles Überflüssige oder Schädliche wegbrennen sollen, wie Tapas in der *Hatha-Yoga-Pradipika* definiert wird. Diese Öfen sind in erster Linie Asana und Pranayama, aber auch Fasten, extreme Hitze oder Kälte aushalten zählen dazu. Hier sind wir wieder bei den berühmten Schlacken, diesen schwarzen, schmierigen Souvenirs unserer verbotenen Genüsse.

Und die ich gerade nach geltenden kalifornischen Regeln im Übermaß wieder einmal bei meinem zweiten Frühstück im Café ansammelte: Zucker! Mehl! Kohlehydrate! Koffein! »Bad, bad, bad for you!«, wie mir die wechselnden Kellnerinnen, wenig geschäftsfördernd, aber gut gemeint, jedes Mal aufs Neue einhämmern. »Nimm doch mal einen grünen Tee! Einen Proteinriegel! Etwas Rohkost!«

Tut mir Leid, ich glaube nun mal nicht an Schlacken. Der Hinweis darauf, mein Körper sei voller schwarzer Scheußlichkeiten, beleidigt mich sogar. Meiner ganz persönlichen und wissenschaftlich nicht belegten Ansicht nach hinterlässt, was mit Freude genossen wird, keinen schlechten Nachgeschmack, keinen Kater oder andere giftige Überreste. Freude ist entscheidend – wenn man sich mit schlechtem Gewissen plagt, sollte man das Trinken / Rauchen / Schwarzwälderkirschtorteessen lieber sein lassen.

Ich bin überzeugt, die Selbstzerfleischung ist schädlicher als alles andere. Und T.K.V. Desikachar unterstützt mich in diesem Gedanken, indem er darauf besteht, dass Kasteiung keine Tugend und schon gar kein Tapas ist, dass Fasten um des Fastens willen überhaupt keinen Sinn ergibt. Danke, Mr. Desikachar!

Svadhyaya heißt wörtlich Selbststudium, und zwar konkret das Studieren und Rezitieren der heiligen Texte, der Veden und Upanishaden. Für Westler wäre es, was immer unserer Kultur entspricht, die Bibel, Grimms Märchen, die Autobiografie von Marcel Reich-Ranicki. Mein Bruder sagt immer, es gehöre zur Allgemeinbildung, die Bibel, den Koran und den Talmud gelesen zu haben. Und ich glaube, er hat das auch mit ungefähr vierzehn schon hinter sich gebracht. Ich bin sicher, dass er Recht hat, und ich bewundere ihn dafür sehr. Selbst habe ich mich noch nicht einmal durch die Bücherliste gearbeitet, die mir meine Freundin, eine Germanistin, aufgestellt hat, als ich eines Tages beschlossen hatte, mir eine klassische Bildung zuzulegen. Das war vor acht oder neun Jahren. Doch ich lese nicht, um mich zu bilden. Ich lese, um noch ein Leben mehr zu leben, ein Leben, das nicht meines ist. Eigentlich noch immer wie als Kind: Als ich monatelang mit bis oben eingegipsten Beinen im Bett lag, haute ich auf schwedische Inseln ab, auf kalifornische Müllhalden, in unterirdische Höhlen und englische Mädcheninternate. Heute lese ich haufenweise Kriminalromane und Frauenzeitschriften, aber ich kann mit gutem Gewissen behaupten, dass ich mir auch so näher komme. Dass ich mich relativ gut kenne. Das hat vielleicht mehr damit zu tun, was ich schreibe, als damit, was ich lese. Aber ich habe nie vergessen, wie meine ehemalige Lektorin, eine strenge Frau mir sagte, es gehöre heutzutage zur Allgemeinbildung, eine Psychoanalyse zu machen, und sie habe überhaupt keine Geduld mit Leuten, die sich selbst so gar nicht kennen. Sie sprach von einem Mann, aber ich bezog es auf mich. Sich selbst zu kennen heißt nicht, jede Verantwortung mit dem Hinweis auf frühkindliche Vernachlässigung abzuschieben, heißt nicht, sich jede nervige Macke zu gestatten, nur weil man sich »danach fühlt«. Selbsterkenntnis ist nicht Selbstzweck, sondern, im Gegenteil, Schadensbegrenzung.

Ishvara-Pranidhana schließlich, der letzte Niyama, heißt wörtlich übersetzt, seine Taten Gott zu Füßen legen. Wobei Gott hier nicht das wichtige Element ist. Gott oder nicht Gott, Ishvara-Pranidhana fordert dazu auf, sich nicht über Leistungen und Resultate zu definieren – was einer Schlampe ohnehin eher fern liegt –, nicht über Stellung und Status, über Kontostand und Designergarderobe oder über Gelenkigkeit. Jeder, der einmal arbeitslos war, weiß, wie schwierig es ist, in einer Gesellschaft zu bestehen, in der die erste Frage nicht »Wie geht's denn so?« lautet, sondern: »Und, was machst du? So im Leben?« Da mit »Nichts« antworten zu müssen ist hart. Wer nichts tut, wer nichts erreicht, ist nichts. Wer nicht die richtigen Schuhe trägt, ist nichts, wer seine Füße nicht im Nacken kreuzen kann, wer zum vierten Mal durch die Führerscheinprüfung gefallen ist, ist nichts.

Ishvara-Pranidhana heißt: Ich tue, was ich kann, und das muss genug sein. Dass man sich in die Pfaustellung hochstemmen und die Fußsohlen auf der Stirn abstützen kann, macht einen nicht zu einem besseren Menschen.

In Amerika gibt es den selbstverständlich auf ein Selbsthilfebuch zurückgehenden und ungeheuer wohltuenden Begriff der good-enough mother. Also nicht gute Mutter, sondern »gut-genuge« Mutter. Das Konzept ist befreiend:

Die zehn Yamas und Niyamas	Die zehn Schlampengebote
1. Ahimsa	1. Du sollst nicht bügeln.
2. Satya	2. Du sollst nicht fasten.
3. Asteya	3. Du sollst keine Rache üben, es sei denn, jemand hat deine Freundin beleidigt.
4. Brahmacharya	4. Dann aber sind alle Mittel erlaubt.
5. Aparigraha	5. Du sollst immer wieder mal den Donnerstag zum Sonntag machen.
6. Shaucha	6. Nett ist gut!
7. Samtosha	7. Du sollst die Füße hochlegen und aus der Chipstüte essen (vor laufendem Fernseher).
8. Tapas	8. Du kannst nie genug Stiefel haben.
9. Svadhyaya	9. Nein, das war noch nicht der Wecker.
10. Ishvara-Pranidhana	10. Was immer du tust, genieße es!

Wer kann denn von sich schon sagen »ich bin eine gute Mutter«? Ich weiß, die Politikergattinnen im Fernsehen. Aber schauen Sie mal genau hin: Die haben immer so ein verkrampftes Zucken um die Mundwinkel, wenn sie das sagen. Jede Mutter macht Fehler, und jede Mutter liegt nachts deswegen wach. Wir tun unser Bestes, und es ist nie genug. Schuldgefühle gehören zum Muttersein wie die Schmerzen zu den Wehen, und auf beides wird man nicht so recht vorbereitet.

Ishvara-Pranidhana – ich gebe mein Bestes, und das ist genug. Das ist etwas, das niemandem so natürlich erscheint wie der Schlampe.

Die letzten drei Niyamas, Tapas, Svadhyaya und Ishvara-Pranidhana bilden zusammen Kriya-Yoga, so wie es Patanjali definiert hat.

Die Yamas und Niyamas im Westen ernst nehmen heißt natürlich, im ständigen Widerspruch zu den herrschenden Normen und Werten zu leben. Ob das möglich ist, ohne sich aus der Gesellschaft auszuklinken – oder sinnvoll? Ich weiß es nicht. Aber ich persönlich finde schon allein in der Auseinandersetzung mit diesen Grundsätzen etwas Tröstliches.

Solange sie mir meinen Espresso nicht verbieten.

Creme
21
der club
Creme
21
NO CLIMBING

Der Berg geht zum Propheten *oder* Nicht noch einen Yoga-Workshop!

Der Lehrer redet und redet, über den inneren und den äußeren Rist, die innere Ferse, die äußere Ferse, man hört nur halb hin, es juckt einen in den Armen, man will schon längst die Arme hochreißen und sich in den Sonnengruß werfen wie in einen knallblauen Swimmingpool. Stattdessen steht man hier und steht und steht immer noch hier, und der Lehrer ist noch nicht weiter als bis zu den Knöcheln gekommen, die man verankern, aber gleichzeitig auch anheben soll, sag mir bitte mal einer, wie?!

In the Beginning there was a Mountain. *So heißt ein Yoga-Buch, und so fängt auch jede Yoga-Stunde an. Nicht mit Luftsprüngen, nicht mit Verrenkungen, nein, erst soll man sich einfach mal hinstellen. Mit beiden Füßen fest auf dem Boden. Wie ein Berg. Wie schwierig kann das sein? Die Zehen heben, die Zehen spreizen. Die acht Punkte im Boden verankern – was meint der jetzt mit acht Punkten? An jedem Fuß acht oder an beiden zusammen acht?*

Morgens früh, wenn ich meine Matte ausrolle, fehlt mir meist die Geduld dazu, mich richtig hinzustellen. Ich will gleich loslegen – ich traue mir selbst nicht, ich befürchte, ich könnte es mir vielleicht noch anders überlegen, wenn ich mir zu viel Zeit nähme. Oder als würde es dann nicht mehr für die »richtigen«, die »wichtigeren« Stellungen reichen, wenn ich zu lange meine Zehen spreizte. Doch wenn ich es tue, nur so aus Spaß, vor und zurück wippe, den Rist wölbe, die Ferse festsetze, überrascht es mich jedes Mal, wie wenig ich wirklich mit dem Boden verhaftet bin. Ich schwebe sozusagen einen halben Zentimeter über der Matte, nicht gerade ein Fliegen, eher ein Taumeln. Doch wenn ich mich mal richtig darauf konzentriere, mit beiden Füßen auf dem Boden zu bleiben, kann ich plötzlich auch die Arme heben.

Wenn die Füße nicht im Boden verankert sind, kann man nicht stehen, kann man den Körper nicht tragen, schwankt man wie ein Blatt im Wind, taumelt man gegen Möbelstücke und fremde Herren.

Zwischen hohen Bäumen hielt ich an. Die schmale Straße schlängelte sich in die falsche Richtung. Ich stieg aus, setzte mich auf einen Findling und faltete die Straßenkarte auseinander. Ich hatte mich wieder mal verfahren, diesmal mitten im Yosemite Nationalpark, wo es von Bären wimmelt. Großen Bären. Hungrigen Bären. Sollten sie doch kommen, ich war mir gar nicht so sicher, ob ich wirklich ankommen wollte.

Ich war zu einem Yoga-Workshop unterwegs.

Das Letzte, was ich jetzt brauchen konnte: noch ein Yoga-Workshop! In den Wochen und Monaten seit der Yoga-Konferenz hatte ich eher halbherzig auf meiner schicken, neuen »kürbisfarbenen« Matte herumgewurstelt. Ich wusste nicht mehr recht, was Yoga überhaupt sollte. Mir fehlte die Sicherheit, die mir die regelmäßigen Mysore-

Stunden mit Alice gegeben hatten: morgens aufzuwachen und zu wissen, was kommt. Aufstehen, Frühstück machen, Mittagessen einpacken, Kinder in die Schule bringen, ins Studio fahren, Yoga. Ich hatte über mein Yoga nicht nachdenken müssen. Jetzt, so ganz allein, kam ich nicht weiter, und auf der Konferenz war mir klar geworden, dass mir auch »da draußen« niemand weiterhelfen konnte, nicht einmal einer der vielen anerkannten, wichtigen Yoga-Lehrer, die Amerika zu bieten hatte.

Eines Tages rief eine nette Dame von der Tenaya Lodge im Yosemite Nationalpark an und fragte mich, ob ich nun, da sich Frau Joanou abgemeldet habe, lieber ein Einzelzimmer haben wolle. Einzelzimmer? Yosemite Nationalpark?

Ich rief Alice an.

»Ach, das hab ich total vergessen!«, sagte sie. »Der Workshop! Back to the Roots! Weißt du nicht mehr? Da musst du unbedingt hin, wenn ich schon nicht kann!«

Jetzt erinnerte ich mich auch: Am Ende der Ahimsa-Zeit hatte Alice sich von der strengen Ashtanga-Schule abgewandt und nach anderen Einflüssen gesucht. Sie hatte den Faden von Pattabhi Jois, dem Begründer von Ashtanga-Yoga, zu seinem Lehrer Krishnamacharya zurückverfolgt und zu dessen Krishnamacharya Yoga Mandiram, einem Yoga-Institut in Chennai. Sie hatte sich schon zu einem siebenwöchigen Kurs dort angemeldet, doch bevor sie den Flug buchen konnte, lernte sie den Mann kennen, den sie drei Tage später heiraten sollte (so zumindest schien es ihren Freundinnen). Aus dem siebenwöchigen Kurs wurde ein viertägiger Workshop, lange im Voraus angekündigt, zu dem sie mich gleich mit angemeldet hatte. Doch kurz darauf wurde sie schwanger, und jetzt, mit einem wenige Wochen alten Baby, fühlte sie sich nicht workshoptauglich.

»Du gehst jedenfalls«, bestimmte sie. »Du musst. Und musst mir alles erzählen.«

Mit Back to the Roots war dieser Workshop ausgeschrieben, zurück zu den Wurzeln, in diesem Fall den Wurzeln des modernen, amerikanischen Yoga: Eine Einführung in die Lehre Krishnamacharyas von seinem Sohn T.K.V. Desikachar und seinem Enkel Kausthub.

Tirumalai Krishnamacharya wurde 1888 in Muchukundapuram im südindischen Staat Karnataka in eine alte Brahmanenfamilie geboren, Nachfahren des Weisen Nathamuni, der im 9. Jahrhundert eine Schrift über Yoga verfasst hatte. Krishnamacharya, der seit seinem sechsten Lebensjahr Yoga übte, pilgerte als Sechzehnjähriger zu Nathamunis Grab, schlief dort erschöpft ein und sah im Traum seinen Vorfahren, der ihm den ganzen, seit tausend Jahren verschollen geglaubten Text, das *Yogarahasya*, die Essenz von Yoga, diktierte.

Krishnamacharya war ein geborener Gelehrter: Schon als Junge trieb er seine Lehrer mit ständigen Fragen und erhitzten Debatten zur Verzweiflung. »Auf diese Weise stellte ich fest, wie viel es zu lernen gab«, sagte er später. Als Achtzehnjähriger zog er 1906 nach Benares, um dort die Veden, Sanskrit, Astrologie und Ayurveda zu studieren, und legte das Äquivalent von acht Doktortiteln ab. Er vertiefte seine Kenntnisse der sechs Denkschulen der vedischen Philosophie – Darshana genannt –, wovon Yoga eine ist. In jeden Ferien unternahm er Pilgerreisen in den Himalaja. 1915 dehnte er seine Reise aus, wanderte zweiundzwanzig Tage lang, bis er am Manasarovar-See am Fuß des Berges Kailash ankam. Hier lebte der Yogi Sri Ramamohan Brahmachari in einer Höhle. Er akzeptierte Krishnamacharya als seinen

Schüler, und Krishnamacharya blieb siebeneinhalb Jahre. Er meditierte drei mal drei Stunden täglich im Lotussitz und lernte über dreitausend Yoga-Stellungen. Doch der Guru verlangte schließlich von ihm, dass er heirate, eine Familie gründe und die Lehre von Yoga verbreite. Für Krishnamacharya, der als Gelehrter oder Priester eine gesicherte Existenz hätte haben können, war das ein großes Opfer. Doch den Wunsch des Lehrers zu erfüllen war seine Bezahlung, die Gurudakshina, und das wurde nicht infrage gestellt.

Er ging also zurück in die Zivilisation. 1925 heiratete er, von der Familie arrangiert, Shrimati Namagiriamma, eine schüchterne, verängstigte, vollkommen ungebildete Elfjährige – die später eine wichtige und eigenständige Yoga-Lehrerin wurde.

Das Leben war hart, Yoga-Lehrer galten damals nichts, das Paar war mausarm. Krishnamacharya arbeitete auf einer Kaffeeplantage und reiste in umliegende Städte und Dörfer, um die Macht des Yoga zu demonstrieren. Dazu bediente er sich der Siddhis, der spektakulären Methoden zur Überwindung der Naturkräfte: Mit ihrer Hilfe stoppte er seinen Herzschlag, hielt fahrende Autos mit der Hand auf und hob schwere Gegenstände mit den Zähnen.

Nach harten und kargen Jahren wurde er vom Maharadscha Krishnaraja Wodeyar IV. nach Mysore eingeladen, wo er die Yoga-Schule am Hof leiten sollte. In diesen Jahren entwickelte er Vinyasa-Krama, das Verbinden der Stellungen durch Elemente des Sonnengrußes, das schnelle Wechseln der Stellungen mit jedem Atemzug. Dieses System sollte seine jungen Zöglinge körperlich und geistig so fordern, dass sie keine Energie für anderes – für Dummheiten – mehr hatten. Auf diesem System gründen das heutige

Ashtanga-Yoga von Pattabhi Jois, Power- und Vinyasa-Yoga. In diesen Jahren studierten B.K.S. Iyengar, Indra Devi und Pattabhi Jois bei Krishnamacharya.

Doch 1947, nachdem Indien die Unabhängigkeit erlangt hatte, wurde der Maharadscha entmachtet und die Yoga-Schule aufgelöst. Kirshnamacharya musste mit knapp sechzig noch einmal ganz von vorn anfangen. Er zog nach Madras, dem heutigen Chennai, und unterrichtete Yoga-Schüler in seinem bescheidenen Haus. In diesen Jahren, in den Fünfziger- und Sechzigerjahren, entwickelte er Vini-Yoga, dynamisch ausgeführtes, dem Atemrhythmus folgendes Yoga, das therapeutisch eingesetzt und ganz auf die Bedürfnisse des Einzelnen abgestimmt wird.

T.K.V. Desikachar, sein jüngster Sohn, war damals Ingenieur und hatte bis dato kein Interesse an Yoga gezeigt. Mit fünf war er sogar vor dem Üben davongerannt und von seinem Vater eingefangen und in den Lotussitz gefesselt worden. Doch bei einem seiner Besuche in Madras sah er eine elegant gekleidete Westlerin aus einer Limousine steigen, auf seinen Vater zurennen und ihn umarmen. Ein ungewohnter und schockierender Anblick, dass eine Frau, noch dazu eine Westlerin, einen Brahmanen im Lendenschurz berührte, ihn sogar umarmte. Doch Krishnamacharya ließ es sich gefallen: Die Frau war seine Schülerin. Sie hatte, dank Yoga, zum ersten Mal seit zwanzig Jahren ohne Tabletten schlafen können.

Ihr Schicksal berührte Desikachar, und so bat er seinen Vater, ihm alles beizubringen, was er wusste. Krishnamacharya bestand auf absoluter Pünktlichkeit und Unterrichtsbeginn um halb vier Uhr morgens. Da das Haus nur ein Schlafzimmer hatte, weckten sie mit ihren Gesängen gleich auch den Rest der Familie, die sicherlich nicht begeistert war. Siebenundzwanzig Jahre lang studierte Desikachar mit seinem Vater, bis zu dessen Tod im Jahr 1989. Sechsmal gingen sie in dieser Zeit die Yoga-Sutras durch.

Irgendwann faltete ich die Karte wieder zusammen, stand auf und ging zum Wagen zurück. Es gab ohnehin nur eine Straße. Früher oder später würde ich entweder im Kursort eintreffen oder den Nationalpark verlassen. Ich ließ es darauf ankommen.

Und nach der nächsten Kurve sah ich schon die Abzweigung und das Schild: Tenaya Lodge.

Als ich in den großen Saal kam, waren schon überall Matten ausgelegt. Ich stellte mich in eine Ecke neben eine groß gewachsene Frau, die ein bisschen aussah wie Brigitte Nielsen, aber netter, und außerdem deutsch sprach. Sie war eine für Los Angeles typische Kombination von »Schauspielerin und …«, in ihrem Falle Yoga-Lehrerin. Ein paar Tage zuvor war eine Folge von *Emergency Room* ausgestrahlt worden, in der eine Domina einen Kunden einlieferte. Das war sie, die Domina mit dem deutschen Akzent. »Ich weiß nicht, warum ich immer nur solche Rollen kriege«, seufzte sie und fuhr sich mit der Hand durch das gebleichte Stoppelhaar. Sie wurde ganz schön angestarrt, aber nie darauf angesprochen, Yogis schauen selbstverständlich nicht fern. Nur ich machte aus meiner Begeisterung für *ER* keinen Hehl, und so hatte ich auch gleich eine Yoga-Freundin gefunden. Das ist deshalb wichtig, weil in solchen Workshops oft unverhofft zur Partnerübung geblasen wird. Und ich würde mich nicht noch einmal neben einem Typen mit Haaren auf den Zehen erwischen lassen!

Zur Einstimmung wurde ein kurzer Film über das Krishnamacharya Yoga Mandiram gezeigt, eine Mischung aus

Yoga-Schule und Klinik, in der unterrichtet und ausgebildet, behandelt und geforscht wird. Das Mandiram war Desikachars Gurudakshina, sein Dank an seinen Lehrer.

Das Video war mit bescheidenen Mitteln und einfach gemacht. Auch das Mandiram ist überraschend klein und bescheiden, genauer gesagt, es platzt aus allen Nähten. Geld für ein neues Gebäude muss noch aufgetrieben werden. Kausthub Desikachar, der Leiter des Instituts, ein freundlicher, rundlicher junger Mann (»Ist es nicht erstaunlich, wie dick er ist? Für einen Yoga-Lehrer?«, flüsterte eine Yoga-Barbie neben mir), stellt in diesem Video die einzelnen Programme vor. Obwohl die meisten Yoga-Stunden im Mandiram Einzelstunden sind, findet regelmäßig Gruppenunterricht für Kinder und für Behinderte statt. Es gibt einen fortlaufenden Studiengang und vierwöchige Kurse für Ausländer, außerdem eine Forschungsabteilung, in der zum Beispiel die Auswirkung von Yoga auf Epilepsie untersucht wird, allerdings nicht gemäß westlichen Standards, da T.K.V. Desikachar sich weigert, Doppelblindstudien durchzuführen – »Das würde ja bedeuten, einem Teil der Patienten die Hilfe, die wir anzubieten haben, zu verweigern. Das ist undenkbar.« Es gibt einen Verlag, der vor allem die Lehre von Krishnamacharya und seine Interpretation der Yoga-Sutras verbreitet und außerdem wunderschöne Yoga-Comics für Kinder herausgibt, und es gibt die Klinik. Jeden Tag kommen Leute aus der näheren Umgebung und auch von weiter her mit ihren Problemen und Gebrechen ins Mandiram, wo sie untersucht werden, wo ein Lehrer und ein Programm für sie gefunden werden.

»Der Mensch, der zu uns kommt, ist im ganzen Prozess das Wichtigste«, sagt Desikachar im Film. »Er ist wichtiger als die Technik, wichtiger als ein Ideal, eine Schule, wichtiger als eine Idee oder als Lehrer. Yoga muss dem Menschen dienen. Nicht umgekehrt.« Er schaut einen Augenblick lang vor sich hin, dann wiederholt er noch einmal eindringlich: »Der Mensch, der zu uns kommt, ist am wichtigsten. Yoga muss dem Menschen dienen. Nicht umgekehrt.«

Damit war auf einen Schlag alles klar: Die Verwirrung der vergangenen Monate fiel von mir ab. Diese Aussage relativierte alles, was ich auf meiner Odyssee erlebt hatte. In jeder einzelnen Yoga-Stunde, die ich besucht hatte, war es um etwas anderes gegangen: um das Ego des Lehrers, die Kasse des Studios, um das Erreichen eines Ideals, das Befolgen eines Systems – die Schüler dienten der Sache. Nicht umgekehrt.

Mit diesem einen Satz gab Desikachar mir mein Yoga zurück. Dafür allein hatte sich die Fahrt schon gelohnt. Dieser Satz bildet die Grundlage von Schlampenyoga: Das Yoga muss dem Menschen dienen. Nicht umgekehrt.

In der nächsten kurzen Sequenz sah man einen Yoga-Lehrer anscheinend schwerelos durch eine Serie von Stellungen schweben. Aus dem Off kam seine Stimme, und er beschrieb seinen Werdegang. Zugleich hörte man von der Bühne Mr. Desikachar, der sein Mikrofon noch angesteckt hatte, verärgert murmeln: »Ach, nicht schon wieder Asanas!«

Asanas, das wurde nach dem Video gleich klargestellt, würden nur einen kleinen Teil des Kurses ausmachen. Hauptsächlich würden wir verschiedene Konzepte wie Meditation, Atemtechnik und die Bedeutung des Lehrers diskutieren und vor allem viel singen. Das Singen der Sutras und der Veden stellt einen wichtigen Teil von Krishnamacharyas Yoga dar, das sich aus Asana, Pranayama, Singen, Meditation und Ritual zusammensetzt. »Singen macht glücklich«, sagte Desikachar, »singen fördert die Konzentration und das allgemeine Wohlbefinden.« Also würden wir singen. Nicht turnen.

Etwas verstört verlangte die Mehrheit der Teilnehmer, dass der Konferenzsaal drei Stunden vor Kursbeginn geöffnet wird, also um vier Uhr dreißig morgens, damit sie auch garantiert ein »richtiges workout« einschieben konnten.

Damit war der erste Tag schon vorüber. Ich ging zu meinem Einzelzimmer, in dem vier Betten standen, und rief Alice an.

»Und?«

»So weit, so gut«, sagte ich. »Mein Yoga gehört mir.«

Die Tenaya Lodge verfügte über ein Dampfbad. Ich schaute auf die Uhr: noch eine knappe Stunde für Frauen offen. Sicherheitshalber zog ich einen Badeanzug an – in Amerika konnte man nie wissen. Kurz nach meiner Ankunft hatte ich ein Interview mit einer New Yorker Tänzerin gelesen, die sehnsüchtig von der Lebenslust und dem Genießertum der … Frankfurter geschwärmt hatte, die nämlich zum Vergnügen in die Sauna gingen und nicht um abzunehmen – und das außerdem nackt!

Im Dampfbad traf ich eine Hand voll sehr unterschiedlicher Yoga-Lehrerinnen – denn das hatte Alice »vergessen«, mir zu sagen: Der Workshop richtete sich hauptsächlich an Yoga-Lehrer.

Da war Lori aus Louisiana, üppig, grauhaarig, splitternackt. Sie unterrichtete seit dreißig Jahren in ihrem Wohnzimmer und musste sich immer noch gegen den Verdacht der Gotteslästerung verteidigen. Obwohl sie selbstverständlich am Sonntag keine Stunden abhielt, sondern im Kirchenchor sang. Das tat ihrer blendenden Laune aber keinen Abbruch: Sie lachte mich herzhaft aus mit meinem Badeanzug.

»Ach, ihr jungen Frauen seid ja so verklemmt!«, rief sie und klatschte sich auf die schweißnassen Schenkel.

Denselben Fauxpas hatte auch eine sehr dünne Frau aus Berkeleys reichem Vorort Walnut Creek gemacht. Sie trug nicht nur wie ich einen einteiligen Badeanzug, sondern hatte außerdem mit Wasserflaschen, zusammengerollten Frottiertüchern, Massagehandschuhen und Kosmetikdosen einen Wall um sich herum gebaut.

Meg aus Los Angeles, deren Gesicht ungefähr zwanzig Jahre jünger war als ihr Körper und die ich voreilig als Yoga-Barbie abgetan hatte, stellte sich als geschickte und erfolgreiche Geschäftsfrau heraus – die Innenarchitektin hatte sich auf Yoga-Studios spezialisiert, und das Geschäft boomte.

»Habt ihr gesehen, wer da ist? Richard Miller, mit seinem Baby, wisst ihr wer Richard Miller ist? Er ist ein wahnsinnig berühmter Yoga-Lehrer, er war im *People* abgebildet. Habt ihr das gesehen? Er sieht fantastisch aus, findet ihr nicht? Er muss ja weit über fünfzig sein …«

»Sind wir das nicht alle?«, wieherndes Lachen. Lori klatschte vor Vergnügen in die Hände. Meg war nicht amüsiert. »Sorry, Honey, no offense.«

Ich schloss die Augen und lehnte mich an die kühle Fliesenwand.

Am nächsten Morgen stellte ich den Wecker auf vier. Nur um zu sehen, ob ich aufstehen würde. Und ich stand auf, um einmal im Leben um vier Uhr Yoga zu üben! Der Saal war beinahe voll. Ein junger Mann in einem weißen Kaftan tanzte wie ein Derwisch, seine blonden Rastalocken flogen. Ein gutmütig wirkender, schwergewichtiger älterer Herr stellte sich auf den gewölbten Bauch seiner zarten, in der

Brücke stehenden Yoga-Genossin. Zwei junge Mädchen sangen mit geschlossenen Augen zum klimpernden indischen Akkordeon. Es wurden vedische Texte rezitiert und gekeucht, gehüpft und gesprungen. Eine gewisse Dringlichkeit lag in der Luft. Wir mussten uns unbedingt verausgaben und wussten nicht, warum. Wir beobachteten uns aus den Augenwinkeln und stellten innerlich Ranglisten auf.

»Wir haben das Programm etwas umgestellt«, sagte Kausthub, als er zur ersten Stunde in den Saal kam. »Wir wollen Ihnen etwas mehr Zeit geben, das Gelernte zu verarbeiten. Mit anderen Worten: mehr freie Zeit.«

Wenn er die Welle von Panik spürte, die bei seinen Worten durch den Saal rollte, ließ er es sich nicht anmerken.

Kausthub warf einen Blick auf das Meer von Yoga-Matten: Die guten Plätze waren seit Stunden besetzt, mit zusammengerollten Wolldecken, Kunststoffklötzen und Wasserflaschen zusätzlich befestigt und zum Teil mit Händen und Füssen verteidigt. »Okay.« Er grinste. »Und jetzt macht jeder erst mal einen großen Schritt nach rechts«, sagte er. »Auf die nächste Matte.«

Wir waren zur ersten richtigen Asana-Lektion des Back-to-the-Roots-Workshops angetreten und auf eine sanfte, körperlich nicht zu anstrengende Vini-Yoga-Stunde gefasst. Doch es war schnell klar, dass diese Lektion eine Herausforderung der anderen Art darstellen würde.

Den Unterschied zwischen Vini-Yoga und anderen Yoga-Schulen hat Dr. Robert Birnberg, ein langjähriger Schüler Desikachars, in einem Artikel in *Yoga International* einmal so beschrieben: »Stell dir vor, du sitzt im Wartezimmer einer Arztpraxis. Die Tür geht auf, und der Doktor ruft dich herein. ›Wo liegt das Problem?‹, fragt er, und du beschreibst deine Beschwerden. Der Doktor hört dir zu, überlegt und verschreibt dir dann ein Medikament. Das ist Vini-Yoga. Und nun stell dir vor, du sitzt in demselben Wartezimmer, die Tür geht auf, und der Doktor ruft alle Patienten auf einmal herein. Okay, sagt er, und jetzt Mund auf! Aspirin für alle! Das ist eine Yoga-Stunde, wie wir sie kennen.«

Das Yoga-Sutra 3:6 definiert es so: Tasya bhumishu viniyogah. Yoga muss graduell und der Situation gemäß angewandt werden. So übersetzt es uns Kausthub, der in seiner Interpretation der von Krishnamacharya und Desikachar folgt. Die Sutras werden ja wie alle überlieferten Texte von jedem Gelehrten auf seine Weise interpretiert. Wenn ich sie zitiere, zitiere ich immer gleichzeitig T.K.V. Desikachar.

Vini-Yoga ist therapeutisches Yoga, das auf die individuellen Bedürfnisse Rücksicht nimmt. Vini-Yoga sieht immer wieder anders aus, deshalb ist es nicht wirklich massentauglich, und es ist wohl auch kein großes Geld damit zu machen: Es gibt nichts, was man copyrighten oder trademarken oder sonst vermarkten könnte, keine überfüllten Klassen, keine Yoga-Videos (berühmter Ausspruch von Pattabhi Jois, nur halb ironisch gemeint: »Was braucht ein guter Yoga-Lehrer? Sein eigenes Yoga-Video!«).

Schüler von T.K.V. Desikachar praktizieren nach dieser Methode in Amerika (der bekannteste ist Gary Kraftsow) und in Europa, zum Beispiel im Berliner Yoga Zentrum, im Zürcher Yoga Zentrum und im Schweizer Zentrum für Vini-Yoga in Grenchen bei Biel. Es ist aber kein Zufall, dass diese Lehrer, Kraftsow eingeschlossen, weniger berühmt, weniger flashy sind als Vertreter anderer Schulen. Denn im Vini-Yoga liegt die Macht nicht beim Lehrer, sondern beim Schüler.

Wie bestimmte Formen der Psychotherapie ist Vini-Yoga

letztlich auf Selbsthilfe ausgerichtet: Der Schüler, der Patient, soll sich selbst behandeln. Es werden deshalb keine Übungen »verschrieben«, die zu schwierig sind, um sie zu Hause auszuführen. Es wird Rücksicht genommen auf die Umstände und die Verhältnisse, wie viel Zeit hat jemand, wie viel Platz, welche anderen Verpflichtungen, alles ist darauf ausgerichtet, Yoga für den Einzelnen einfacher und möglicher zu machen.

Deshalb werden auch traditionelle Regeln nicht sklavisch befolgt, sondern den Umständen angepasst. Zum Beispiel ist es in Indien sinnvoll, sehr früh morgens zu üben, wenn es noch nicht so wahnsinnig heiß ist. In den Schweizer Bergen hingegen macht das wenig Sinn, wie Desikachar bei einem Workshop auf 1500 Metern Höhe erfahren musste, wo die Schüler in der morgendlichen Bitterkälte gleich reihenweise krank wurden. Ebenso hat der Rat Krishnamacharyas, meide den Dschungel, für die wenigsten Yoga-Schüler heute noch Bedeutung.

Wenn man alles so wörtlich nehmen würde, könnte überhaupt niemand Yoga machen, denn die *Hatha-Yoga-Pradipika* schreibt nicht nur vor, dass man in einem sauberen, gut gelüfteten, insektenfreien Raum ohne offenes Feuer übt, sondern auch »in einem Land, in dem Gerechtigkeit herrscht und wo gute Menschen leben«.

Vini-Yoga ist das Ergebnis einer langen, persönlichen Entwicklung: Ab 1926 unterrichtete Krishnamacharya am Hofe des Maharadschas von Mysore, Krishnaraja Wodeyar IV., und er war als ungeduldiger, gnadenloser Lehrer bekannt. Seine Yoga-Schüler schickte er zu Wettbewerben und zwang sie notfalls mit Gewalt in schwierige Stellungen. In dieser Zeit hat übrigens Pattabhi Jois bei ihm gelernt.

Seinen Schwager B.K.S. Iyengar behandelte Krishnamacharya besonders schlecht, er ließ den schwächlichen, kränklichen Jungen Haus- und Gartenarbeit verrichten, und nur weil sein Musterschüler kurz vor einem wichtigen Wettbewerb unter mysteriösen Umständen verschwunden war, ließ er Iyengar an dessen Stelle antreten. Dieser lernte in kürzester Zeit die schwierigsten Übungen und wurde zum neuen Protegé. Bis Krishnamacharya ihn mit Gewalt in den Spagat presste, wodurch beide Oberschenkelsehnen durchrissen und er zwei Jahre lang nicht gehen konnte. Interessanterweise hat Iyengar nur größte Hochachtung vor seinem Lehrer, obwohl er ihn kurz nach diesem Zwischenfall verlassen und sein Yoga später ganz anders weiterentwickelt hat.

Doch dann – um 1947, als Indien für seine Unabhängigkeit kämpfte – wurde alles anders: der Maharadscha entmachtet, die Yoga-Schule aufgelöst, Krishnamacharya entlassen. Er ging nach Madras, wo er noch einmal ganz von vorn anfangen musste. In diesen Jahren entwickelte er Vini-Yoga – aus purer Notwendigkeit. Wenn er überleben wollte, brauchte er mehr Schüler. Es blieb ihm gar nichts anderes übrig, als auf die Bedürfnisse der Einzelnen einzugehen, seine potenziellen Schüler kennen zu lernen und ernst zu nehmen. Mehr und mehr empfand er Yoga als ein Geschenk, mit dem er, vielleicht, weil er in diesen Jahren ein anderer geworden war, immer großzügiger umging. Schüler aus diesen späteren Jahren beschreiben jedenfalls einen ganz anderen Lehrer, einen geduldigen, sanften und bescheidenen Mann. Diese Persönlichkeitsveränderung führte T.K.V. Desikachar auf das Nachlassen des Drucks von außen zurück, andere bezeichnen es als Altersmilde.

Zu dieser Zeit hat Desikachar bei ihm gelernt, und so sieht sein Yoga auch aus.

Kausthub beginnt diese erste Stunde mit einfachen Asanas, die dynamisch ausgeführt werden, im Rhythmus des Atems: stehen, einatmen, die Arme, den Kopf heben, ausatmen, die Hände zum Boden senken. Alles klar. Wir reißen die Arme hoch, wir reißen sie runter, das können wir alle. Hundertmal gemacht, gedankenlos, während die Augen durch die Klasse schweifen – coole Hosen, denkt man, wo hat sie die wohl her? Gibt es die auch zwei Nummern größer? Wann geht es richtig los, wann können wir zeigen, was wir können?

»Stopp, stopp, stopp!«

Haben wir dabei schon etwas falsch gemacht?

»Wo ist der Atem?«, fragt Kausthub, »wo ist die Absicht?«

Absicht? In keiner einzigen Yoga-Stunde habe ich das Wort Absicht gehört. Ich lasse die Arme sinken.

Kausthub geht zur Tafel und schreibt mit dickem Filzstift: IBM Yoga. Dreimal unterstrichen. Unsicheres Lachen in der Gruppe.

»Intention – Breath – Movement«, erklärt er. »Zuerst ist die Absicht, die bewusste Entscheidung, einzuatmen, die Arme, den Kopf zu heben. Dann setzt der Atem ein und dann erst die Bewegung. Die Bewegung ist beendet, dann der Atemzug, dann konzentriert sich die Absicht auf die nächste Aufgabe: ausatmen, Arme senken, nach vorn beugen, Boden berühren. Nach der Absicht setzt der Atem ein, die Bewegung folgt dem Atem. Die Bewegung endet zuerst, dann der Atem, dann die Absicht. Und so weiter. Das ist Vinyasa: Die Bewegung mit dem Atem, den Atem mit einer Absicht zu verbinden. Das ist auch das Herz von Vini-Yoga.«

Klingt simpel? Ja, dann versuchen Sie es doch bitte mal!

Na?

Absicht. Atem. Mein Hirn knotet sich um sich selbst. Kann das denn wirklich so schwierig sein?

Doch plötzlich blüht in dieser ganz neuen Herausforderung, die nichts mit Luftsprüngen und Liegestützen, mit Kraft und Beweglichkeit zu tun hat, etwas auf. Diese absolute Konzentration ist ein Aufatmen des Geistes, fast ein Seufzen.

»Tout se paye dans cette chienne de vie – in diesem Hundeleben zahlt man für alles«, sagt der französische Schriftsteller Philippe Djian. Mein Lebensmotto. Man kann es natürlich auch positiver ausdrücken, bejahender, wertfreier: Jede Aktion löst eine Reaktion aus. Jede Handlung hat Folgen. Jeder Gedanke. Jeder Wunsch. Nicht im Sinne einer Strafe, sondern einfach von Konsequenz: Folgerichtigkeit.

»Tout se paye dans cette chienne de vie« – jeden Tag, hundertmal, vom Leben bestätigt. Nichts bleibt folgenlos. Im Guten wie im Schlechten.

Yoga geht noch einen Schritt weiter, indem jeder Handlung eine Absicht vorangestellt wird. Eine Absicht damit zu verbinden heißt, Verantwortung zu übernehmen. Das ist ein großes Geschenk. Das heißt: Mein Leben gehört mir. Mein Yoga gehört mir.

Flieg, Paradiesvogel, flieg!
oder Wir basteln uns unsere Yoga-Routine

»Weißt du, ich bin ein Paradiesvogel«, sagte einmal ein Mann zu mir, »du kannst mich nun mal nicht einsperren!«

Ich war jung und dumm und brach in Tränen aus. Doch noch durch meinen Tränenschleier schaute ich ihn an, schaute ihm nach und dachte: Paradiesvogel, hm? Nicht ganz unbescheiden, der junge Mann!

Auch der Yoga-Paradiesvogel sieht spektakulärer aus, als er schwierig ist: Man schlingt einfach im Utthita-Parshvakonasana den Arm unter dem gebeugten Bein hindurch und greift auf dem Rücken nach der anderen Hand. Dann zieht man das gestreckte Bein nach, bis beide Füße schön nebeneinander stehen, verlagert das Gewicht auf den freien Fuß, richtet sich auf und streckt das umarmte Bein nach der Seite aus. Wie einen Flügel. Das ist der Paradiesvogel, der sich selbst eingefangen hat. Einen anderen gibt es nicht.

Am nächsten Tag ließ ich die frühmorgendliche Folter ausfallen und gönnte mir stattdessen einen starken Kaffee im Frühstückssaal. Das Essen auf diesem Workshop war überraschend gut und vielfältig, an vielen Tischen wurde ganz unyogisch Kaffee getrunken oder abends Wein bestellt.

»Ist das immer so?«, fragte ich Jennifer, eine junge Friseuse und angehende Yoga-Lehrerin, die eine wahre Workshop-Veteranin war. Mindestens vier pro Jahr besuchte sie, »ich reise nun mal nicht gern allein!« Aber dieser sei schon etwas Besonderes, meinte sie. »Ich hab noch nie so nette Dozenten erlebt wie Desikachar und Kausthub.«

Diese beiden hoch qualifizierten Yoga-Lehrer kannten keine Arroganz. Unglaublich höflich und zuvorkommend gingen sie auf jeden Schüler ein. Und wenngleich sie einige Teilnehmer schon länger kannten und mit ihnen befreundet waren, hatte man als Neuling nie das Gefühl, nicht dazuzugehören. Im Gegenteil, ich fühlte mich in einem Saal mit zweihundert Zuhörern immer ganz persönlich angesprochen. Obwohl sich der Kurs an Yoga-Lehrer richtete und sich außer mir nur ganz wenige Laien unter den Teilnehmern befanden, beantworteten sie behutsam und ohne zu beleidigen jede Frage in einer klaren, jedem verständlichen Art, egal wie verstiegen sie war.

»Ich hab sie eben im Lift getroffen!« Mona, die brüchige Yoga-Lehrerin aus Walnut Creek, die in den vergangenen beiden Tagen Stück für Stück ihren Schutzwall aus Wasserflaschen und Wolldecken aufgegeben hatte, setzte sich zu uns.

»Und?« Jennifer und ich beugten uns vor.

»Desikachar hat mich gefragt, in welchem Stockwerk ich aussteigen will, und ich sagte: ›Im dritten!‹«

»Und?«

»Er hat den Knopf nicht gleich gefunden und gesagt: ›Machen Sie das, Sie sind bestimmt effizienter als ich!‹«

Jennifer und ich seufzten wie die letzten Yoga-Groupies. Dann ging es in die Theoriestunde.

»Alles, was es über Yoga zu wissen gibt, steht in den Yoga-Sutras von Patanjali.«

Ich seufzte wieder, als ich das hörte, aber nicht aus Begeisterung. Ich hatte mehrere Übersetzungen zu Hause stehen und schon verschiedene Male versucht, mich durch die Sutras zu quälen, doch ich hatte sie nie verstanden. Ich konnte beim besten Willen keinen Zusammenhang zwischen meiner Realität und Sätzen herstellen wie: »Schlaf ist der Prozess, der die Idee der Abwesenheit unterstützt.« (1:10, nach Vyn Bailey.)

Doch was mich an T.K.V. Desikachar – nach seiner unendlichen Freundlichkeit – am meisten beeindruckt, ist seine Fähigkeit, sich in einfachen Worten auszudrücken. Das zeichnet meiner Erfahrung nach übrigens jeden aus, der wirklich etwas zu sagen hat. Und so erschloss er mir die Sutras: in ganz einfachen Worten. Die Sutras sind Aphorismen, kurze Beispiele und Erklärungen, die sich leicht einprägen sollen. Schwierig oder kompliziert macht sie nur die Diskrepanz zwischen der Realität, in der sie geschrieben wurden, und der, in der sie gelesen werden.

Über den Weisen Patanjali gibt es viele Legenden: Er soll aus dem Gebet der Yogini Gonika geboren worden sein, die die Götter um einen Schüler anflehte und ihnen in der offenen Handfläche Wasser darbot. Als sie die Augen öffnete, fand sie in ihrer Hand den schlangenköpfigen Patanjali.

Gemäß einer anderen Überlieferung ist er eine Inkarnation des Schlangengottes Ananta, des Unendlichen, der auch Adishesha, die erste Schlange, genannt wird. Er diente Gott Shiva als Bett und wurde von diesem auf die Erde geschickt, um den Menschen Lösungen für ihre Probleme zu bringen.

Und es wird erzählt, dass er als tausendköpfige Schlange hinter einem Vorhang Yoga unterrichtete, damit niemand ihn sehen konnte. Als ein Schüler den Vorhang anhob, musste er sie alle auffressen, bis auf den einen, der an diesem Tag krank gewesen war. (Mir persönlich gefällt diese Geschichte besonders gut: ein Lob dem Schuleschwänzen!)

Wie auch immer: Die Yoga-Sutras bestehen aus vier Büchern mit insgesamt 196 Versen. Oder 195, je nachdem, ob man das erste, einführende Sutra, atha yoga-anushasanam – hier beginnt die Lehre von Yoga –, mitzählt oder nicht. Gleich im allerersten oder eben zweiten Sutra wird Yoga definiert. Als Geisteszustand. Nicht als körperlicher Kraftakt, nicht als Schlangenmenschen-Darbietung, nicht einmal zu Ehren eines Schlangengottes! Yogash chitta-vritti-nirodhah – Yoga ist das Innehalten der Wellenbewegungen des Geistes. Der stürmischen Wogen.

In meinem Fall: das Verstummen der sieben verschiedenen Stimmen in meinem Kopf.

Ach so! Das macht ja Spaß! Die Sutras so zu lesen, zu verstehen, zu interpretieren und auszuprobieren, wie sie sich auf die eigene Realität beziehen könnten.

Weiter: Von den 196 Sutras befassen sich gerade mal drei (drei!!) mit den Asanas.

Das erste von ihnen, 2:46, definiert die Qualität der Übung: Sthira-sukham asanam – Konzentration und Leichtigkeit zeichnen die richtig ausgeführte Stellung aus.

Konzentration und Leichtigkeit. Das heißt natürlich für jeden Körper etwas anderes. Für jeden Tag etwas anderes. Konzentration verlangt, dass ich nicht etwa im halben Lotus oder im König der Fische vor dem Fernseher sitze, während gerade *Emergency Room* wiederholt wird, oder auf dem Kopf stehend in einer alten *Cosmopolitan* blättere. Nein, ich muss mich schon ganz auf die Absicht, den Atem, die Bewegung einstellen oder es wenigstens versuchen, auf die Bewegung, den Atem, die Absicht. Und wieder die Absicht ... und so weiter. Das ist manchmal schon in einer geführten Yoga-Klasse schwierig, zum Beispiel, wenn der Atem entgegen dem eigenen Rhythmus angezählt wird. Oder wenn der Lehrer nervt, man sich von den Kunststücken der anderen Schüler ablenken lässt. Oder wenn ein Handy klingelt und dann auch noch abgenommen wird: »Du, hey, sorry, das passt jetzt nicht gut. Ich bin grad im Yoga! Yoga, ja!« Zu Hause ist es noch schwieriger, der Nachbar läutet an der Tür: »Ich wusste doch, dass du früh auf bist!«, ein Kind will Frühstück, und was sehe ich da unter der Couch? Das ist doch nicht – ist das etwa ein Stück Käse?

Was soll ich sagen, ich tue mein Bestes.

Mit Leichtigkeit ist nicht etwa gemeint, dass eine Stellung keine Herausforderung darstellen soll, sondern dass man sie mit Anmut auszuführen im Stande ist, dass man sie nicht erzwingt oder erwürgt und vor allem: dass sie keine Schmerzen bereitet. »Schmerz ist gut«, sagte Alice zwar immer. Aber sie verdiente ja früher nicht umsonst als Domina ihren Lebensunterhalt. Ich habe überhaupt keinen Ehrgeiz, Schmerzen auszuhalten. Nicht mal den Dehnschmerz in den Muskeln, den manche als wohlig empfinden. Also mache ich nichts, was mir wehtut. Jedenfalls zu Hause nicht. In einer überfüllten Yoga-Stunde lasse ich mich schon mal zu Blödsinn hinreißen.

Wachheit und Entspanntheit. Konzentration und Leichtigkeit. Oder Festigkeit und Nachgiebigkeit. Kraft und Beweglichkeit. The Hard and the Soft – wie eine Yoga-Schule an der Ostküste heißt.

»Stellen Sie sich den Schlangengott Ananta vor«, sagte Desikachar. »Er ist so stark, dass er das ganze Universum auf seinem Kopf trägt – und so nachgiebig und weich, dass er dem Gott Vishnu als Bett dient.«

Ich nenne Sutra 2:46 – voller Respekt! – das Schlampensutra. Es macht mich zur Expertin meiner selbst, zur Königin meines Yoga.

Das nächste Sutra, 2:47, beschreibt, wie man diesen Zustand erreicht. Prayatna-shaitilya-ananta-samapattibhyam – erkenne die Reaktionen des Körpers und des Atems auf die einzelnen Übungen. Nur wenn man sich der Reaktionen bewusst ist, kann man sie auch kontrollieren.

Das widerspricht natürlich fast allem, was ich auf meiner Yoga-Odyssee erlebt hatte. In den meisten Stunden geht es gerade nicht um das Erkennen, sondern um das Ignorieren, um das Überwinden und Überlisten der eigenen Grenzen zu Gunsten eines äußerlichen Ideals. Wenige Lehrer halten ihre Schüler dazu an, auszuruhen, wenn sie müde werden oder außer Atem geraten. Und wann immer eine Variante »für die, die es etwas anspruchsvoller wollen«, vorgeschlagen wird, führen alle Schüler diese aus und kein einziger die einfachere. Ich habe mir mal die Schulter vermasselt, weil ich nicht als Erste aus der Kerze kommen wollte, und deshalb nach rechts und links schielte, um zu sehen, wer denn sonst noch die Füße oben hatte!

Der Atem ist unbestechlich: Er soll in jeder Stellung unverändert ruhig und langsam und tief sein. Punkt. Das ist der einzige Maßstab. Gerät man ins Japsen oder Keuchen, muss man zurückschrauben. Den Atem gar anzuhalten ist ein schlechtes Zeichen: meist von Schmerz. Und Schmerz, siehe oben, gehört nicht dazu. Nur, wenn man seine Grenzen erkennt, kann man sie auch verschieben, millimeterweise, tageweise, bewusst.

Und schließlich, im dritten Asana-Sutra (2:48), wird auf den Nutzen der richtig ausgeführten Übungen eingegangen. Tato dvandva-anabhighatah – wenn diese Prinzipien korrekt befolgt werden, helfen die Übungen, äußere Einwirkungen auf den Körper wie Alter, Klima, Ernährung und Arbeit zu ertragen.

Und das ist auch schon alles, was der Weise Patanjali zu den Asanas zu sagen hatte. Der Körper darf beim Meditieren nicht stören, dafür muss er gesund und beweglich sein – und dafür sind Asana und Pranayama da. Asana heißt wörtlich übersetzt übrigens Sitz. Nicht Trapezakt. Sitz wie sitzen wie meditieren.

Mit diesen drei Sutras ausgerüstet, kann man üben – natürlich nur die Stellungen, die man bei einer guten Lehrerin gelernt hat. Yoga allein zu Hause hat eine ganz andere Qualität als in der Gruppe: Es kann intensiver sein oder fahriger, konzentrierter oder nachlässiger, auf jeden Fall ist es persönlicher. Mehr »meins«.

Wir basteln uns also unsere eigene Yoga-Routine – wobei die Routine nur darin besteht, die Matte auszurollen und die Socken auszuziehen. Abgesehen davon ist jeder Tag anders. Manchmal könnte man Bäume ausreißen und sollte das dann auch tun. Manchmal würde man am liebsten die Füße hochlegen, und auch das ist dann oft noch zu viel. Darauf muss man Rücksicht nehmen.

Desikachar malte Strichmännchen an die Tafel: so genannte Yoga-Stenografie. Wir zückten unsere Hefte und zeichneten nach.

»Wie unterscheidet man Yoga-Stellungen?«, fragt er.

»Einfach oder fortgeschritten?«

Desikachar lächelt. »Ihr Amerikaner«, sagt er milde. »Ich bin beeindruckt. Ihr wollt immer die schwierigsten Übungen machen. Wir Inder legen uns lieber erst mal auf den Boden.«

Yoga-Stellungen werden nicht nach Schwierigkeitsgrad, sondern nach der Haltung der Wirbelsäule in sechs Kategorien unterteilt:

Idealerweise baut man alle diese Varianten in eine Übungsstunde ein. Doch je nach Tagesform und Stimmung – und Zeit, die man zur Verfügung hat! – kann man sich auch nach der Wirkung der Stellungen richten. Grundsätzlich sind Bewegungen, die nach vorn gerichtet sind, wenn man sich also zu den Beinen hinunterbeugt, beruhigend und meditativ. Dehnt man den Körper nach hinten, von den Beinen weg, so wirkt das anregend und belebend. Übungen, die im Stehen ausgeführt werden, bilden Muskelkraft, während Umkehrstellungen geistige Kraft oder Klarheit fördern. Verwindestellungen entspannen und besänftigen den Rücken.

Am nächsten Morgen stand ich wieder um vier Uhr auf – diesmal nicht, um mir etwas zu beweisen, sondern weil ich es nicht erwarten konnte, das Gelernte auszuprobieren. Bisher hatte ich mich, wenn ich allein übte, mehr oder weniger an die von Alice vorgegebene Abfolge gehalten und sie einfach je nach Tagesform mehr oder weniger abgekürzt. An diesem Morgen herrschte eine ganz andere Stimmung im großen Saal. Die Matten waren dichter zusammengerückt, als suchte man die Nähe der anderen. Viele lagen im Shavasana auf dem Rücken, während sie noch herauszufinden versuchten, was sie heute brauchten. Das war gar nicht so einfach.

»Mama«, hatte Lino mich einmal gefragt, sehr ernsthaft, mit ungefähr neun, »warum wissen Mädchen nie, was sie wollen?«

Ha! Wie lange hast du Zeit, mir zuzuhören, mein Sohn? Einen Monat, ein Jahr?

»Immer, wenn ich frage, was wir jetzt spielen sollen, sagen sie: ›Ich weiß nicht. Sag du.‹«

Er seufzte wie ein sehr alter Mann. Und ich seufzte mit.

Wie oft hatte ich das auch schon gesagt? Wo sollen wir

Meine ganz persönlichen Yoga-Programme:

Kater-Yoga
Yoga für Bad Hair Days
Keine-Milch-heute-Yoga
Zähne-in-die-Tischkante-schlagen-Yoga
Yoga für den inneren Satan
Halt-mich-fest-Yoga
Nie-mehr-aufstehen-Yoga
Yoga zum Bäumeausreißen
Nur-schnell-mal-Yoga
Yoga, trotz allem

essen gehen, hast du Lust, diesen Film zu sehen, willst du ins Theater, nimmst du einen Nachtisch? Ich weiß nicht. Sag du.

Im normalen Tagesablauf bleibt eben meist kein Raum für eigene Bedürfnisse. Wenn man es sich eh nicht leisten kann, auf sich zu hören, gewöhnt man es sich besser gleich ab.

Aber – that's the good news, wie man hier immer optimistisch sagt – man kann es sich wieder angewöhnen. Man kann es üben. In ganz kleinen Dingen. Käse aufs Brot oder Marmelade? *Tagesschau* oder *Sex and the City*? Frontseite oder Comics? Vanille oder Schokolade? Tee oder Kaffee? Straßenbahn oder Taxi? Rückenbeugen oder Kopfstand? Dynamisch ausgeführte Stellungen oder sie lieber etwas länger halten? Heute vielleicht nur tief durchatmen?

Oder man sucht sich die Stellungen aus, mit deren Hilfe körperliche Grenzen verschoben werden können. Wie zum Beispiel den Handstand – für mich unmöglich.

Ich ignorierte die anderen weit fortgeschritteneren Schüler im Raum, die ohnehin heute auf angenehme Art in sich selbst versunken waren, und stellte mich an die Wand. Wieder und wieder kickte ich ein Bein nach oben – na ja, knappe zehn Zentimeter nach oben. Ich »beobachtete« also die Reaktion meines Körpers und meines Atems und zog daraus den Schluss, dass meine Arme leider aus Schaumgummi bestehen. Und dass mich außerdem die Angst, Kopf voran auf die Matte zu knallen, lähmt. Mit diesem Wissen ausgerüstet, konnte ich mich ans Überwinden machen. Indem ich Stellungen wie Adho-Mukha-Shvanasana, den abwärts schauenden Hund, oder Chaturanga, den Liegestütz, übte, um meine Schwabbelarme zu kräftigen, oder Bakasana, den Kranich, um meine Angst vor der Matte zu verlieren. Oder ich stemmte mich in einen Halb-Handstand gegen die Wand, aber andersherum, mit dem Gesicht zur Mitte des Raumes, die Beine rechtwinklig abgestützt. So geht es, so hab ich keine Angst, aber meine Arme müssen trotzdem etwas aushalten. Vielleicht komme ich nie aus diesem Handstand heraus. Was soll's. Ich werd's schon merken, wenn ich die Füße von der Wand nehmen kann. Wie war das noch mal? Nicht vom Ergebnis seines Handelns abhängig sein?

Und dann kroch ein riesiger, bulliger Schwarzer vom Typ Leistungssportler, dessen Arme ganz bestimmt nicht aus Schaumgummi bestanden, zu mir herüber und fragte mich, ob ich ihm diese Version nicht auch zeigen könne. Er habe nämlich – peinlich, aber wahr – einfach Angst, das Gesicht nach unten zu halten, sogar bei Rumpfbeugen.

»Klar«, sagte ich – und schon war ich wieder runtergeknallt. Voll auf die Matte. Tat nicht mal weh.

Angst haben wir alle. Oder, wie Alice in ihren Stunden

immer sagte, wenn jemand jammerte: Everybody's feet hurt.

Nachdem wir abwechselnd ein paar Mal auf die Nase gefallen waren, nahm ich meinen neuen Freund mit zum Frühstück. »Das ist Terrence. Er hat Angst davor, aufs Gesicht zu fallen«, stellte ich ihn Jennifer vor. Sie lächelte schüchtern.

Ich mag nicht immer wissen, was ich will, aber im Erraten der Wünsche anderer bin ich ziemlich gut. Ich nahm meinen Kaffee und die Zeitung mit nach oben aufs Zimmer, und dann legte ich mich aufs Bett, mit einem kalten Waschlappen auf dem Gesicht. Ein bisschen wehgetan hatte es doch.

Der gefürchtete Yoga-Liegestütz *oder* Einfach immer weiteratmen

Wenn ich auf etwas nicht gefasst war, als ich zu meiner ersten Ashtanga-Yoga-Stunde antrat, dann war es Chaturanga-Dandasana, auch bekannt als Yoga-Liegestütz.

Yoga-Liegestütz? Ich bitte Sie!

In der ersten Stunde blieb ich stocksteif stehen, weil ich dachte, ich hätte mich verhört. Rechts und links von mir stürzten sich die Schüler zu Boden wie GI Jane, mit derselben verbissenen Entschlossenheit. Also gut. Ich legte mich auf den Bauch.

Jahrelang landete ich – platsch – auf der Matte, statt mich auf den Händen abzustützen und knapp über dem Boden zu schweben wie ein verkrampftes Krokodil. (Tatsächlich gibt es in der zweiten Serie die Übung Nakrasana, das Krokodil: im Chaturanga-Dandasana fünfmal zurück und fünfmal nach vorn gehüpft, mit allen vieren gleichzeitig in der Luft, eine brutale Zirkusnummer. Frauen brauchen sie allerdings aus unerfindlichen Gründen nicht auszuführen, und wir sind froh drum und fragen nicht weiter.)

Das Chaturanga-Dandasana ist der große Egotest: Es gibt Leute, die diese Übung überall einbauen, auch wenn sie gar nicht verlangt wird. Andere halten sie doppelt so lange wie vorgeschrieben.

Zu oft hintereinander und außerdem noch falsch gemacht, kann sie zu verkrampften, entzündeten oder ganz einfach schmerzenden Schultergelenken führen. Auf Yoga-Verletzungen spezialisierte Chiropraktiker und Masseure sprechen schon von der so genannten Ashtanga-Schulter. Eine Sportlerkrankheit wie der Tennis-Ellbogen.

Man kann das Chaturanga-Dandasana allerdings auch auf den Knien ausführen, oder meine Lieblingsversion: das Kinn auf die Matte gestützt, das Brustbein am Boden und den Po in die Luft gereckt. Das sieht so saukomisch-idiotisch aus, dass diese Übung garantiert nicht zum Egotrip anregt…

Wir waren immer die Ersten, die zum Buffet erschienen und uns an einen großen Tisch setzten: Terrence und Jennifer, etwas abgerückt in der Ecke, er mit drei Gängen auf seinem Teller, sie mit drei Salatblättern. Mona mit ihren Wasserflaschen, Lori aus Louisiana, deren Lachen durch den ganzen Speisesaal schepperte, Deb, die in San Francisco so genanntes sanftes Yoga unterrichtete und gleich ihre ganze Gruppe mitgeschleppt hatte, von der aber nur eine mit uns am Tisch saß, Ruth. Ich-mach-mir-nichts-aus-Yoga-Ruth. »Ich bin nur wegen Deb hier. Und wegen der Leute.« Ruth war Malerin. Sie studierte uns alle, als wollte sie uns zeichnen. Vermutlich würde sie das auch tun.

Ruth griff immer dann ein, wenn wir in Yoga-Slang abrutschten. »Pranayama?«, sie studierte den Stundenplan. »Ist das was Sexuelles?«

Deb hätte die Augen verdreht, wenn sie nicht so, nun, sanft gewesen wäre.

»Atemübungen, Ruth. Das ist für dich besonders wichtig.«

Ruth knurrte. »Dann geh ich mal besser erst noch eine rauchen!«

Hier hätte ich nun gern die Anekdote eingeschoben, wie mich meine Yoga-Lehrerin zum Rauchen verführt hatte, aber irgendetwas in Debs Gesicht hielt mich davon ab.

Die Stunde begann mit einer weiteren Begegnung mit unserem Freund, dem Schlangengott.

»Wussten Sie, dass Ananta wörtlich ›unendlich‹ heißt? Dass es aber auch mit ›Atem‹ übersetzt wird?«, fragte Desikachar.

Das wussten wir natürlich nicht.

»Der Atem ist das, was unendlich durch uns hindurchzieht«, fuhr er fort.

Wobei die alten Weisen interessanterweise die Vorstellung hatten, der Mensch sei mit genau 21 600 Atemzügen pro Tag ausgerüstet, die es ideal im Leben, das auf hundert Jahre ausgerichtet ist, zu verteilen, gelte. Angst, Panik, Überanstrengung, kurz, alles, was den Atem beschleunigt, verkürzt das Leben. Stellen Sie sich mal vor, diese Überzeugung hätte sich gehalten. Ein Leben ohne Leistungssport. Ein Leben ohne ...

Pranayama heißt, die Lebensenergie, Prana, auszudehnen, zu verlängern. Prana ist das, »was ununterbrochen überall ist«. Er kommt aus unserer Mitte und füllt den ganzen Körper aus, reicht sogar ein bisschen darüber hinaus. Wenn wir unausgeglichen, verwirrt, unruhig oder krank sind, bedeutet das, dass unser Prana im Körper keinen Platz hat. Und warum hat es keinen Platz? Weil es verdrängt wird. Von den berüchtigten – wusste ich's doch! – Schlacken. Pranayama hilft, diese Hindernisse zu beseitigen und Platz für die Energie zu schaffen.

»Wir Inder sind natürlich nicht die Einzigen, die über eine Beziehung zwischen Atem und Gesundheit, Atem und Geist nachgedacht haben«, betonte Desikachar. »Schauen Sie nach Japan, China, Tibet – überall gibt es entsprechende Theorien und Techniken.«

Außer natürlich bei uns Westlern oder Amerikanern. Aber das sagte er nicht. Dazu war er viel zu höflich.

Kausthub fing den praktischen Teil mit einer ganz einfachen Übung an: einatmen mit der Brust, ausatmen mit dem Bauch. Das heißt, übertrieben gesagt, beim Einatmen die Brust rausstrecken, beim Ausatmen den Bauch einziehen. Langsam und tief.

Unmöglich. Panik breitete sich in der Gruppe aus. Zwischenrufe erschallten: »Aber was ist mit der Yoga-Atmung?«

»Was ist mit der Bauchatmung?«

»Aber das hab ich genau umgekehrt gelernt!«

Kausthub grinste. Manchmal fragte ich mich, ob es ihm nicht heimlich Spaß machte, uns so an unsere Grenzen zu treiben. Die allerdings erschreckend eng gesteckt waren – für Menschen, die sich für weltoffen und spirituell entwickelt halten.

Er hob beide Hände. »Ganz ruhig«, rief er. »Ich nehme Ihnen doch nichts weg. Versuchen Sie's einfach mal so, wie ich es vorgeschlagen habe. Nur zu. Vertrauen Sie mir.«

Wir gaben nach. Atmen. Ganz natürlich und leicht. Ein und aus. Ein und aus.

»Und?«

»So zu atmen ist einfach«, gestand schließlich jemand. »Das ist aber noch kein Pranayama.«

»Nicht?« Wieder dieses Grinsen.

Man hörte immer wieder alle möglichen Schauergeschichten von psychotischen Schüben, die durch Pranayama ausgelöst wurden, epileptischen Anfällen, emotionalen Zusammenbrüchen, und sogar das eine oder andere Herz soll während einer schwierigen Atemübung stehen geblieben sein. So machtvoll ist die Wirkung des yogischen Atmens, dass viele Lehrer sich gar nicht erst damit abgeben wollen. Das ist natürlich außerordentlich praktisch für die Heerscharen von schnell gebleichten Yoga-Vorturnern, die dann mit todernster Miene sagen können: »Atmet einfach so, wie ihr wollt.«

Das ist leider Blödsinn. Atembeherrschung ist die Grundlage von Yoga, es ist das, was Yoga von, sagen wir, Kunstturnen unterscheidet. Zwanzig schöne Menschen, die in einem holzgetäfelten Raum stehen und alle ihren linken Fuß in den Nacken legen, während im Hintergrund Räucherstäbchen abbrennen und eine Om-CD läuft, machen nicht Yoga, wenn sie dabei nicht ruhig und tief atmen. Alles andere ist Akrobatik: das Keuchen und Stöhnen, das Japsen, Zähneknirschen, Luftanhalten und mit rot anlaufendem Kopf Stellungen bezwingen. Nichts gegen Akrobatik – solange man es nicht Yoga nennt. Yoga ohne Pranayama ist nicht Yoga – so einfach ist das.

»Pranayama heißt nichts anderes, als erst einmal bewusst zu atmen. Dann den Atem zu verlängern und zu kontrollieren und in verschiedenen Übungen verschieden einzusetzen«, fuhr Kausthub fort. »Dabei darf man aber nichts erzwingen. Es ist ein Grundsatz von Ayurveda, der traditionellen indischen Medizin, dass man die natürlichen Bedürfnisse des Körpers nicht unterdrücken soll. Man soll niesen, wenn man niesen muss, aufs Klo, wenn man das Bedürfnis verspürt, und Luft holen, wenn man Luft holen muss. Selbst mitten in einer Atemübung!«

Blicke werden gewechselt. Und da hatten wir immer geglaubt, dieses Atemholen außer der Reihe führe zum Ausschluss aus dem olympischen Pranayama-Team!

»Und was ist mit dem natürlichen Bedürfnis meines Körpers nach einer Zigarette?«, rief Ruth dazwischen.

Deb schlug die Hände vor's Gesicht.

Kausthub lachte. »Please, Lady! Geben Sie dem ruhig nach. Und dann kommen Sie zurück und machen Sie Ihre Atemübungen. Sie wissen ja, was man sagt: Rauchen hindert einen nicht am Yoga, allenfalls kann Yoga einen mit der Zeit am Rauchen hindern!«

Pranayama sind spezielle Atemtechniken und Atemübungen, die man sitzend oder liegend ausführt, am besten nach den Asanas – doch das ist nur eine Anwendung von Pranayama, und die muss man lernen, nicht aus einem Buch, sondern von einem qualifizierten Lehrer. Diese Atemübungen bereiten den Geist auf die Meditation vor, so wie die Yoga-Stellungen den Körper auf die Atemübungen vorbereiten, auf das lange, konzentrierte Sitzen.

Pranayama ist aber auch das tiefe, ruhige und kontrollierte Atmen während der Yoga-Stellungen. Sich darauf zu konzentrieren oder es zumindest zu beobachten intensiviert die persönliche Yoga-Praxis zu Hause oder in einer Stunde enorm – selbst in einer Stunde, in der das Atmen nicht Thema ist.

Der Atem gehört uns. Er ist der einzige Maßstab für unsere Übungen – wenn er uns entgleitet, müssen wir etwas zurückschrauben.

Atmen: ein und aus. Es gibt nur diese beiden Möglichkeiten – oder eigentlich vier: einatmen, den Atem nach dem Einatmen anhalten, ausatmen und den Atem nach dem Ausatmen anhalten.

Das Einatmen hat eine anregende, das Ausatmen eine beruhigende Wirkung. Diese Wirkung wird verstärkt, indem man das Ein- oder Ausatmen in die Länge zieht, und noch mehr, indem man nach dem Ein- oder Ausatmen den Atem anhält.

Asanas, bei denen sich der Rumpf von den Beinen wegbewegt, wie die Kobra, der Bogen, das Kamel und die gute alte Brücke, unterstützen das Einatmen. Wenn sich der Körper nach vorn beugt, wird das Ausatmen verstärkt. Übungen, die dynamisch ausgeführt werden, also jede Bewegung mit einem Atemzug verbinden, richten sich nach diesem Prinzip: zum Beispiel der Sonnengruß. Man atmet jedes Mal ein, wenn man die Arme hebt und die Brust durchstreckt, und aus, wenn man sich nach vorn beugt. Will man sich also zum Beispiel morgens wach und halbwegs klar kriegen, sollte man sich auf die Art von Stellungen konzentrieren, die das Einatmen unterstützen, und danach eine Weile sitzen bleiben und tief atmen, jedes Mal das Einatmen etwas länger ausdehnen als das Ausatmen. Oder den Atem nach dem Einatmen anhalten. Umgekehrt ist es sinnvoll, nach einem nervenaufreibenden Montag oder vor der Führerscheinprüfung beruhigend wirkende Stellungen einzunehmen, das Ausatmen zu betonen und in die Länge zu ziehen.

Am Ende der Stunde führte Kausthub ein Experiment durch: Er stellte sich mitten in den Saal zwischen die gut zweihundert im Lotus- oder Schneidersitz sitzenden Yoga-Schüler und teilte sie in zwei Gruppen ein. Dann führte er uns durch eine Nasenatmung, bei der die Nasenlöcher ab-

Der Yoga-Atem sollte angewendet werden:

* wenn der nette Herr von der Steuerbehörde vor der Tür steht,
* beim Einspuren auf die Autobahn und beim Ausspuren,
* wenn die neuen Schuhe Aschenbrödels Schwester spielen,
* im Stau,
* wenn der Fensterputzer sein Hemd auszieht,
* wenn Teenager nicht nach Hause kommen,
* beim Abtragen eines Stapels Rechnungen,
* wenn der Fensterputzer anruft,
* wenn er nicht anruft.

wechselnd zugehalten werden, eine Übung, die den Ausgleich zwischen der rechten und der linken Körperhälfte fördert, zwischen Ida- und Pingala-Nadi. Die rechte Hälfte des Saals wurde angewiesen, den Atem nach dem Einatmen anzuhalten, die linke nach dem Ausatmen. Nach nur zwei Minuten sollten wir uns alle hinlegen und im Shavasana entspannen. Was der linken Seite des Raumes wunderbar gelang, wenn man den aufsteigenden Schnarchgeräuschen Glauben schenken durfte, während die Schüler auf der rechten Seite des Saales unruhig auf ihren Matten hin und her rutschten und mit Händen und Füßen zuckten wie Hunde, die träumen, dass sie durch endlose Steppen rennen.

»Unglaublich!« Später, beim Essen, beherrschte diese einfache Übung die Gespräche. Wir hatten ja alle schon von der Wirkung des Yoga-Atems gehört, und wie er den Geist auf eine andere Ebene katapultiert, aber wir hatten sie noch nie am eigenen Leib erfahren. Schon gar nicht durch eine so leichte Übung, die jeder machen kann.

Vielleicht genau deswegen nicht: weil wir immer viel zu hoch gegriffen hatten. Das stellte sich langsam als das Leitmotiv dieses Workshops heraus: Es ist alles viel einfacher.

»Und wisst ihr, was mir passiert ist?« Lori schob ihren Teller voller frittierter Hühnchenbeine zur Seite. »Also, ich fuhr auf der alten Landstraße nach Hause, in meinem alten Truck, und im Radio lief gerade *Stand by your Man* und ich hab wohl mitgesungen …«

»Ach, du hast einen Mann?!«, warf die brüchige Mona mit großen Augen ein. »Toll!«

»… und na ja, vielleicht ein bisschen Schlangenlinien gefahren, das kann schon sein. Jedenfalls taucht plötzlich hinter mir das Blaulicht auf, und ich werde angehalten. Zu schnell gefahren, bla bla bla. ›Können wir mal den Führerschein sehen, Ma'am?‹, und dann muss ich aussteigen und mitten auf der dunklen Landstraße auf der Mittellinie entlanglaufen. Und schließlich halten sie mir das Röhrchen hin: ›Blasen!‹ Und ich atme tief ein und wieder aus und aus und aus – bis das Röhrchen zerspringt. In tausend Teile – paff!« Lori schlug mit der flachen Hand auf den Tisch, dass die Teller tanzten. »Der Polizist wäre fast in Ohnmacht gefallen.«

Sie nahm sich ein Hühnchenbein, biss ab und zeigte mit dem Rest auf Ruth. »Mach mir das erst mal nach! Das ist Yoga-Atem, Mädchen!«

10
4.5KG

Die Welt auf dem Rücken *oder* Das Ausschalten der Sinne

Cyril, mein jüngerer Sohn, hatte mit fünf oder sechs eine kurze, heftige Yoga-Phase. Alice hatte ihm eine halbe blaue Matte geschenkt, den Rest von der Rolle in ihrem Studio, zu kurz für ihre erwachsenen Schüler. Die rollte er am liebsten quer über meiner aus, krabbelte unter meinen gähnenden Hund und machte seine eigenen Übungen.

Seine Lieblingsstellung war die Schildkröte: Er setzte sich auf seine Matte, kreuzte die Beine, steckte die Arme in den Latz seiner etwas zu großen Hose und zog diesen dann ganz über den Kopf. So blieb er einen Augenblick sitzen, dann streckte er den Kopf wieder hinaus, übers ganze Gesicht strahlend, und rief: »Kuckuck!«

Die Schildkröte zieht sich ganz in sich selbst zurück. Mit Latzhose oder ohne, auf dem Boden sitzend, die Arme unter den Beinen durchgeschlungen und auf dem Rücken verschränkt: dem Rest der Welt den Rücken kehren.

Oder: das Gewicht der Welt auf dem Rücken tragen. Diese Interpretation folgt eher der Überlieferung: Eine große Flut drohte, die Welt zu ertränken. Gott Vishnu verwandelte sich in Kurma, die göttliche Schildkröte, nach der das Kurmasana benannt ist, und lud die ganze

Welt in der Form des Berges Mandara auf seinen Rücken. Wir wissen alle, wie er sich dabei fühlte …

In der Hatha-Yoga-Pradipika *wird einem versprochen, dass Yoga »der tragende Schildkrötenpanzer ist für die, die sich der Lehre des Yoga verpflichten«.*

Cyril hingegen musste sich eines Tages der Tatsache stellen, dass sein über alles bewunderter großer Bruder Lino Yoga »doof« fand. Die kleine Matte landete in der Altkleidersammlung, ebenso die zu klein gewordene Latzhose. Manchmal trägt man tatsächlich die ganze Welt auf dem Rücken.

»Martin! Was für eine Überraschung!« Er stand mit schiefem Lächeln an unserem Tisch, der Computer-Nerd, der letzte Mensch, den ich auf einem Yoga-Workshop erwartet hätte.

Ich hatte ihn kennen gelernt, als ich vor Jahren für einen Zeitungsartikel über den Kollaps des Internet-Booms recherchierte. Martin hatte gerade seinen hoch bezahlten Job verloren und das Privileg, für die richtigen Doughnuts um vier Uhr morgens rasch im gemieteten Porsche 1000 Kilometer nach Los Angeles zu rasen. Zu meiner Überraschung (und überhaupt nicht zu meinem Artikel passend) war er aber alles andere als deprimiert. Das Geld, die Start-up-Aktien, das Auto, selbst die Doughnuts waren für ihn nur Beiwerk zum wahren Leben. Worum es ihm ging, was ihn glücklich machte, war das Spielen am Computer, das Schaffen neuer Welten, und das hatte der Boom weder gegeben noch genommen – das war einfach er, sein Leben.

»Was tust du denn hier?«

»Setz dich doch zu uns!«, rief Meg, die straffe Innenarchitektin aus Los Angeles. Sie rutschte etwas zur Seite und klopfte einladend auf die frei gewordene Hälfte ihres Stuhls. Martin machte einen entsetzten Satz zurück. Lori wieherte.

Martin ist eine Art moderner Eremit: ein Computer-Eremit. Seine Welt ist sein austernfarbener Laptop. Er arbeitet nicht nur am Computer, sondern verbringt auch sonst jede wache Minute mit ihm. Der Computer ist sein Surfbrett, sein fliegender Teppich. Mithilfe des Computers hört er Musik und sieht sich Filme an, lernt Frauen kennen, unterhält sich mit seinen Nachbarn über die geplante Spielstraße, bestellt sich Kleidung, Lebensmittel und Bücher, spielt Räuber und Gendarm, fliegt durchs Weltall.

Na ja, das ist noch nicht alles. Martin arbeitet an der Entwicklung eines Jetpacks – meine beiden Jungs wussten sofort, was damit gemeint ist. Eine Art Rucksack-Rakete, mit der man durch die Luft fliegt, nicht direkt ins Weltall, aber immerhin zur Arbeit und zur Schule und zum Buchklub-Treffen am Mittwochabend. »Das Fortbewegungsmittel der Zukunft«, schwärmte Martin, als er mir zum ersten Mal davon erzählte. »Früher oder später werden wir alle ein Jetpack haben. Stell dir vor: keine Autos mehr, keine verstopften Straßen, keine Unfälle!«

Ich weiß manchmal nicht, ob Martin ein Verrückter ist oder ein Genie. Und ob es überhaupt so etwas wie Jetpacks gibt. Es klingt jedenfalls faszinierend. Meine Söhne behaupten, es gäbe sie, sind aber auch nicht hundertprozentig sicher, ob sie das nicht doch in einem Sciencefiction-Comic gelesen haben. Egal: Martin, der auf den ersten Blick schnell als Looser abgestempelt wird, in seinen fleckigen Kleidern, mit der dickrandigen Brille, die nur zufällig gerade cool ist, und dem wirr abstehenden Haar, mit seinem unglaublich einsamen Leben in einem Schuhschachtel-Apartment, das nicht mehr ist als ein Schrein für seine diversen Computer, dieser Martin ist einer der glücklichsten Menschen, die ich kenne. In allem, was er tut, hat er die Begeisterung eines Siebenjährigen. Und die gleiche, nicht kleinzukriegende Vorstellungskraft. Für Martin ist alles möglich. Seine Welt ist so groß, wie sie in Realität klein ist. Manchmal erinnert er mich an den Weisen im Weinfass. Wenn ich mich nicht gerade frage, ob ich ihm nicht eine nette Dame vom Sozialamt vorbeischicken soll…

Jetzt allerdings, in dem lärmigen Speisesaal, unter Hunderten von Menschen, Frauen, Blicken und Loris wieherndem Gelächter, wirkte er eher unglücklich.

»Ich hole meine Mutter ab«, murmelte er.

Mehr Gelächter. Meg war unterdessen wieder in die Mitte ihres Stuhles gerutscht und zog mit dicken Lippen eine eindrucksvolle Schnute.

»Deine Mutter ist hier?« Ich verrenkte mir den Hals. Ich hatte mir Martin immer als Findelkind vorgestellt, der als Vierzehnjähriger komplett mit Brille und Pickeln aus dem Cyberspace gefallen war. Als kleinen Jungen konnte ich ihn mir beim besten Willen nicht vorstellen.

»Hm, tja, na ja, ich muss jetzt gehen«, murmelte er. Von einem benachbarten Tisch winkte eine kleine, gut frisierte Frau mit helmartigem braunem Haar. Ich stand auf, ging zu ihr hinüber und stellte mich vor.

»Gehen Sie schon?«, fragte ich. Der Workshop war schließlich erst halb um.

»Ich muss«, sagte sie. »Martin hat nur heute Zeit, um mich nach Hause zu fahren. Und ich selber fahre ja nicht.« Verschwörerisch beugte sie sich zu mir vor: »So kommt er wenigstens mal raus aus seiner Wohnung. Und außerdem: Was es über Pratyahara zu wissen gibt, das kann ich von ihm auch lernen!«

Pratyahara, das Ausschalten der Sinne, war Thema der heutigen Theoriestunde. Pratyahara, das fünfte Yoga-Glied, ist die Verbindung zwischen den äußerlichen Stufen (Yama, Niyama, Asana und Pranayama) und den innerlichen (Dharana, Dhyana, Samadhi), zwischen körperlichem Yoga und Meditation.

Während ich meine Matte ausrollte – wir saßen auch während der theoretischen Erläuterungen auf Yoga-Matten und stellten dabei fest, dass wir keineswegs in der Lage waren, länger als zehn Minuten stillzusitzen –, dachte ich darüber nach, was Martins Mutter gesagt hatte. Es stimmte: Martin lebte eine Art von Pratyahara – sein ganzes Wesen war auf eine Sache gerichtet, alles andere ausgeblendet.

In mir löst diese Vorstellung Unbehagen aus: Das Erlöschen der sinnlichen Wahrnehmung ist für mich immer ein untrügliches Warnzeichen einer sich anschleichenden Depression. Deshalb trainiere ich meine Sinne, ständig zu empfangen, ich zwinge meine Antennen, sich aus dem Gewühl im Inneren nach außen zu schrauben: Schau, wie blau (grau, rot) der Himmel ist, rede ich mir zu, fühl den Wind auf der Haut, hör das Nebelhorn in der Ferne – und riecht es hier nicht irgendwo nach frischem Kaffee? So ziehe ich mich immer wieder am eigenen Strubbelzopf aus dem Sumpf.

Desikachar begann mit Patanjali, Yoga-Sutra 2:54. Svavishaya-asamprayoge chitta-svarupa-anukara ivendriyanam pratyaharah – wenn die Gedanken in eine bestimmte Richtung gehen und die Sinne die verschiedenen Objekte um sie herum nicht mehr wahrnehmen, sondern der Richtung des Geistes folgen, dann ist das Ausschalten der Sinne erreicht. Pratyahara heißt sich zurückziehen.

Wichtig dabei ist, dass die Sinne der Richtung des Geistes folgen und nicht umgekehrt. »Unter normalen Lebensumständen werden die Sinne aufgrund unserer Konditionierung die Herren des Geschehens, nicht die Diener. Sie veranlassen uns, die Gier nach allem Möglichen zu entwickeln.«

Das gab mir zu denken: Hatte ich doch meine ganze Jugend und die bessere Hälfte meines Erwachsenendaseins im Glauben verbracht, ich spielte in einem französischen Film mit. Wo selbstverständlich die Sinne die Hauptrolle übernahmen und das Geschehen beherrschten – alles andere wäre langweilig, uninteressant, lahm. Die einzigen Zeiten, in denen meine Sinne alle fünfe von sich streckten, waren die, in denen ich in Depressionen versank. Aus denen mich das bewusste Wecken der Sinne erst wieder herausreißen konnte. Ein Teufelskreis also. Das waren ja Aussichten.

»Mit Pratyahara versuchen wir, den Sinnen ihren richtigen Platz zuzuweisen«, sagte Desikachar, »nicht aber, sie von unserem Tun auszuschließen!«

Sie spielen also alles andere als die Hauptrolle. Was aber ist der richtige Platz? Und wie erreiche ich Pratyahara, wenn mir das Leben im französischen Film vielleicht (nur vielleicht) irgendwann zu aufreibend, zu anstrengend wird?

»Pratyahara kann man nicht ›machen‹«, fügte er hinzu. »Im Gegenteil: Wenn man versucht, etwas bewusst zu ignorieren, führt das zu inneren Konflikten. Pratyahara geschieht spontan. Wenn der Geist ganz auf eine Sache ausgerichtet ist, sprechen die Sinne nicht mehr auf die üblichen Reize an.«

Eine bestimmte Richtung – das kann die Entwicklung eines Jetpacks sein. Das kann die Yoga-Stellung sein, die man gerade auszuführen versucht. Absicht, Atem, Bewegung – Bewegung, Atem, Absicht.

»Versuchen Sie es!«

Wir standen auf, machten ein paar Sonnengrüße zum Aufwärmen und blieben dann im Krieger stehen, die Arme nach oben gereckt.

Und nun den Geist ausrichten. Den Geist ausrichten. Der Saal ist heute wirklich nicht warm genug. Ich hätte meinen Pullover anlassen sollen. Nun schau dir diese Tätowierung an, was ist denn das? Sieht aus – sieht aus wie – Illustrationen aus dem Kamasutra? Hoppla! Fast hingeknallt. Hoffentlich hat das niemand gesehen. Muss mich konzentrieren. Augenlider flackern. Wie lange müssen wir diese Stellung eigentlich noch halten? Wie spät ist es überhaupt? Ach, endlich, das andere Bein. Autsch, hoppla! Das Knie will heute auch nicht. Blick zur Uhr – was, nur noch zwanzig Minuten? Hunger – was gibt's zum Mittagessen? Das Curry gestern war saugut. Wenn man das nur nicht riecht – hab ich Mundgeruch? Hab ich etwa Mundgeruch? Stimmen vor der Tür, auf dem Flur. Manche Leute kommen und gehen, wie es ihnen passt. Total unmöglich. Und natürlich sagen die Dozenten nichts, sie sind ja viel zu höflich. Ich werde mich beschweren, wenn das so … Hoffentlich ist der Bücherstand über Mittag offen. Muss unbedingt einen Yoga-Comic für Cyril … Tolle Sari-Pants, wo hat sie die wohl her? Sind die teuer? Wenn der Typ jetzt noch einen Zentimeter näher rückt, hab ich seine Füße im Gesicht. Puh! Gehört der zu einer Sekte, die Seife verbietet?

Was zu beweisen war: Pratyahara kann man nicht »machen«. Man kann es nicht erzwingen. Man kann sich nur konzentrieren. Und hingeben. Konzentration und Hingabe – auch eine Interpretation von Sthiram und Sukham. Immer wieder. Und irgendwann passiert es: Der Raum versinkt um einen herum, die aufdringliche Mischung aus Schweiß und Räucherstäbchen verzieht sich, die Stimme der Lehrerin wird zum Hintergrundgeräusch, übertönt vom eigenen Atem. Es gibt dann nur noch die Bewegung und den Atem.

Als ich später meinen Zimmerschlüssel holte, überreichte mir der Portier eine zusammengefaltete Nachricht. Sie war von Martin.

»He, weißt du, dass du auch im Netz Yoga machen kannst?«

Ich musste lachen. Martin. Es gab keinen französischen Film, in dem er freiwillig mitspielen würde.

4.5 KG.
10

Heldenhaft sitzen
oder Meditation für Wankelmütige

Der Held sitzt zwischen seinen Füßen. Der Held sitzt eigentlich wie ein Kind. Die Unterschenkel zeigen nach hinten, die Füße mit der Sohle nach oben, statt links und rechts vom Po. Stundenlang können kleine Kinder so zum Beispiel vor dem Bücherregal sitzen, halblaut vor sich hinsingen und ein Buch nach dem anderen herausziehen. Sorgfältige Stapel anlegen, nach einem System, das nur ihnen einleuchtet. Ohne dass ihnen die Knie wehtun würden. Oder die nach hinten geschlagenen Beine. Erwachsenen fällt das schon etwas schwerer, und darum wird diese Stellung die Heldenhafte genannt – was spätestens nach fünfundvierzig Sekunden einleuchtet. Vielleicht wäre es einfacher, wenn man in dieser Position etwas ebenso Sinnvolles tun könnte wie ein kleines Kind. Vielleicht die Kochtöpfe ausräumen und gegeneinander schlagen. Oder Lippenstifte an der Wand ausprobieren.

Der letzte Tag des Workshops – der ganze letzte Tag – war dem Thema Meditation gewidmet. Um ehrlich zu sein, war ich schon halb entschlossen, an diesem Tag abzuhauen und vielleicht einen kleinen Spaziergang zu den Parkbären zu unternehmen. Oder, noch besser, mit dem Auto in den nächsten großen Supermarkt zu fahren und mich mit schlechter Schokolade einzudecken, was immer noch besser ist als gar keine Schokolade.

»Wir servieren eben keine hydrogenisierten Fettstoffe«, hatte man mir, durchaus freundlich, erklärt. Ich könnte auch ganz abreisen, dachte ich. Mit Meditation hatte ich nun mal nichts am Hut.

Ich erinnerte mich an eine Szene in der Zahnarztpraxis: »Und plötzlich verließ ich meinen Körper; ich stieg wie ein Ballon zur Zimmerdecke auf!«

»Nnnngggħhh!«

»Ja, wirklich wahr! Ich schwebte über allen anderen, ich sah sie da sitzen, und ich sah mich selbst in der Ecke, auf meinem gelben Kissen, es war also ziemlich irr...«

»Ngngng!«

»Mein Lehrer sagt, ich habe eine besondere Gabe. Es gibt halt Menschen, die sind einfach spiritueller als andere...«

Die Dentalhygienikerin, die mir so von ihren Meditationserfolgen berichtete, während ich hilflos mit weit aufgesperrtem Mund dasaß, lebte nicht etwa in Hippie Central San Francisco, sondern im zwinglianischen Zürich. Während sie hingebungsvoll mit einem scharfen Messer an meinen Zähnen kratzte und ab und zu auch das Zahnfleisch erwischte, erzählte sie mir von ihren Geisterführern, die ihr in allen wichtigen Fragen des Lebens Entscheidungshilfe gaben – ihr zum Beispiel genau sagten, welche CD sie beim Nachhausekommen auflegen sollte. Leider verstand sie sie nicht immer, weil sie zum Teil althebräisch oder aramäisch mit ihr sprachen. In einem waren sie sich aber einig: Die junge Dame war eine Heilerin.

Das konnte ich nun nicht wirklich nachvollziehen, da ich während ihrer Putzkratz-Aktionen mehr Schmerzmittel brauchte als bei beiden Geburten zusammen. Sie diagnostizierte Wehleidigkeit und empfahl mir ihre Meditationsgruppe, die sie bald selbst zu leiten gedachte.

Meditation, nein danke!

Stundenlanges Sitzen in unbequemen Positionen, das ginge ja noch. Aber den Kopf ganz leer zu machen, das würde ich nie schaffen. Ich war schon zufrieden, wenn es mir – während ich Yoga machte – gelang, die sieben Tonspuren in meinem Kopf auf eine oder zwei zu reduzieren. Und die Vorstellung, meinen Körper zu verlassen und wie ein Luftballon durch den Raum zu schweben, der einem Geburtstagskind entwischt war – ehrlich gesagt, diese Vorstellung war mir eher unheimlich.

Also vermied ich alles, was sich Meditation nannte, so gut es ging. Wenn Alice am Ende der Yoga-Stunde zur Meditation aufrief, saß ich einfach da, zählte – manchmal eher verzweifelt – meine Atemzüge und versuchte zu erraten, bei welcher Zahl sie die Übung beenden würde. Meist ungefähr bei fünfunddreißig.

Ich fing also schon beim Frühstück an, mich zu verabschieden.

»Spinnst du?«, brüllte Lori so laut, dass man es im Dampfbad hören musste. »Jetzt wird's doch erst richtig interessant! Du bist doch nicht wegen der paar Kniebeugen hergekommen!« Lori gehörte eindeutig nicht zu denen, die das Fehlen anstrengender Asana-Stunden nervös machte.

»Mach nicht schlapp, heute hör sogar ich zu«, mischte sich Ruth ein. Sie hatte eine Zigarette hinter ihr Ohr geklemmt, die da schon erstaunlich lange steckte.

Doch den Ausschlag gab schließlich die Einladung zur Pyjamaparty am Abend – dem letzen Abend. Pyjamaparty! Wie im Film! *Grease* lebt! Und ich hatte sogar einen neuen dabei, einen richtigen gestreiften Pyjama mit Knöpfen. »Also gut«, sagte ich. »Ich bleibe.«

Alles, was wir in den vergangenen Tagen gelernt hatten, führt zur Meditation. Asanas bereiten den Körper darauf vor, ja, diese ganzen Verrenkungen dienen nur dazu, irgendwann länger stillsitzen zu können, ohne dass die Knie, die Hüften, der Rücken aufschreien. Während Pranayama und Pratyahara den Geist auf die Meditation vorbereiten. Und die Meditation schließlich führt zu dem Zustand, den Patanjali als Yoga definiert: Das Innehalten der stürmischen Wogen des Geistes.

Die letzten drei Glieder der großen Yoga-Spinne gehören zusammen und bauen aufeinander auf:

> Dharana, das heißt den Geist auf einen Punkt ausrichten, sich ganz auf einen Gegenstand oder auch einfach seine Atemzüge konzentrieren.
> Dhyana heißt, dass der Geist eine Verbindung zu diesem Punkt aufnimmt. Es fließt also etwas zu diesem Punkt, diesem Objekt der Meditation hin und wieder zurück und führt so zu einer Wechselwirkung.
> Und schließlich Samadhi: Der Geist wird eins mit diesem Objekt der Meditation.

Im Gegensatz zur Zen-Meditation fordert die Yoga-Meditation also nicht die absolute Leere, sondern sie hat einen Fokus, eben diesen … Punkt.

»Das Leeren des Gefäßes, wenn man so will, ist der erste Schritt. Dann kommt die Frage, soll das Gefäß leer bleiben, oder soll man es mit etwas füllen. Verschiedene Meister vertreten verschiedene Ansätze«, so Desikachar, wie immer voller Respekt für andere Interpretationen.

Der Fokus, der »Punkt« ist also das, womit man den Geist »füllt«. Das kann ein Gedanke sein, ein Mantra, ein Bild, eine Kerzenflamme, Gott.

»Aber die wichtigste Meditation überhaupt ist die: Was fange ich mit dem Rest des Tages an?«, sagte Desikachar. Die Hälfte des Saales brach in leises, komplizenhaftes Gelächter aus. Doch er hatte es absolut ernst gemeint. Morgens zehn Minuten ruhig sitzen, tief atmen und sich überlegen, »was es an diesem Tag zu tun gibt und wie man es angeht, möglichst, ohne Schaden anzurichten«.

Das Lachen verstummte. Verwirrte Blicke wurden ausgetauscht: So einfach, so *banal* konnte es doch wohl nicht sein? Oder?

»Und was ist mit meiner Erleuchtung?«, fragte jemand, eher trotzig, wie ein Tourist, der feststellt, dass er das Meer zwar sehen kann, aber nur, wenn er sich so weit aus dem Fenster hängt, dass seine Frau ihn an den Knöcheln festhalten muss. »Ich dachte immer, Samadhi heißt Erleuchtung!«

Und ich dachte, Samadhi sei eine Badewanne mit einem Deckel drauf. Edina Monsoon in *Absolutely Fabulous* hatte so eine. Komplett mit eingebauter Panikattacke.

Ein Summen hing im Konferenzsaal. Gut die Hälfte der Teilnehmer war, wie ich, bezaubert von der Idee, dass es »so einfach« sein konnte. Dass Meditation tatsächlich möglich war. Die andere Hälfte wollte sich aber damit nicht abfinden: Sie wollten »richtig« meditieren, wollten sich auf einer höheren geistigen Ebene bewegen und sich nicht mehr mit dem banalen Alltäglichen abgeben. Sie wollten die Erleuchtung. War die etwa im Preis nicht inbegriffen?

Das Konzept der Selbstverwirklichung ist eigentlich ein

zutiefst egoistisches, jedenfalls so, wie es bei uns oft gelebt wird: ein besserer Mensch werden, schön und gut, solange *ich* mich dabei besser fühle … und solange *du* weißt, dass ich besser bin als du!

Nick Hornby hat das in seinem – ich hoffe – nicht ganz ernst gemeinten Buch *How to be Good* sehr schön beschrieben: Ein Mann rächt sich an seiner Frau, die als Ärztin das Gutmenschentum für sich gepachtet hat, bis sie mit einem Kollegen fremdgeht. Nur einmal und auch nur mit mäßiger Freude, aber Strafe muss sein: Der Mann wird ein besserer Mensch, nimmt einen Obdachlosen mit Guru-Potenzial bei sich auf, zwingt die Kinder, ihre Zimmer auszuräumen, ihre Spielsachen zu verschenken, und seine Frau, für den neuen Hausgott zu kochen. Das heißt, er delegiert alles, was an how to be good ein Opfer darstellen könnte, an seine Familie. Bis sie unter der Last zusammenbricht – das Ausmaß seiner Güte konnte keiner ertragen …

Wir kennen ihn alle: den besseren Mann, den Familienvater, der seine Midlifecrisis mit Meditationswochenenden statt mit einem roten Porsche feiert. Der das Wohnzimmer zum Ashram umbaut, sodass die Kinder zwischen vier und sieben Uhr nicht ins Badezimmer können, ohne ihn zu stören, geschweige denn spielen. Der sich über weltliche Banalitäten wie Abwaschen oder Frühstückmachen erhoben hat. Und den man nicht mal an den Ohren nehmen kann, weil man so nur seine spirituelle Unterlegenheit unter Beweis stellen würde. Manche Ehefrau wünscht da ganz unerwartet eine fünfundzwanzigjährige Geliebte herbei.

Der Workshop ging mit einer Fragestunde zu Ende. »Wer ist Ihrer Meinung nach der größte lebende Yogi?«, fragte jemand. Desikachar überlegte lange, nannte seinen Onkel B.K.S. Iyengar für seine beinahe übermenschliche

Technik und Beherrschung der Asanas, Krishnamurti für sein immenses Wissen und seine Aufmerksamkeit, den Dalai-Lama für seinen Dienst an den Mitmenschen und sagte schließlich: »Ich weiß: mein Nachbar. Er fährt eine Rikscha. Er macht kein Yoga, und ich glaube, er ist Alkoholiker. Aber die Art, wie er jeden Tag seine Rikscha reinigt und schmückt und bereithält, auch wenn niemand kommt, wie er sich ganz dem hingibt, was er macht, wie er sich ganz in den Dienst seiner Kunden stellt, immer sein Bestmögliches gibt – das ist wahres Yoga.«

Abends zog ich meinen neuen gestreiften Pyjama an, packte den versprochenen Korkenzieher ein und ging in Strümpfen durch die endlosen Hotelflure zum Zimmer 142, wo Meg zur Pyjamaparty geladen hatte. Ich hörte ihre Stimmen schon von weitem, das hohe, beinahe hysterische Kreischen amerikanischer Frauen, die sich amüsieren. Fun, fun, fun! Ich klopfte, obwohl das garantiert niemand mitbekam, und trat dann ein. Neue Freudenschreie begrüßten mich. Erwachsene Frauen hüpften auf und ab und klatschten in die Hände. Die Weinflaschen standen noch ungeöffnet da – ich hatte schließlich den Korkenzieher.

Die Ausgelassenheit dieser gemischten Gruppe musste auf ihren Aufzug zurückzuführen sein. Lori trug ein zeltartiges, kariertes Flanellnachthemd, Jennifer Boxershorts und ein Trägerhemd mit einem Bild von George W. Bush neben einem Schamdreieck. Darunter stand: Bad Bush – Good Bush. Deb und Ruth, in identischen Trainingsanzügen, hielten sich an den Händen. Meg, die Gastgeberin, hatte ihre Hotelsuite mit bunten Schals dekoriert, sie trug eine Kombination von Spitzennachthemd und Seidenmorgenrock und sah aus wie ein Hollywoodstar. Mona hatte sich

Schlampenmeditationen

Wie komme ich aus dem Haus, ohne mich auszuschließen?
Wie komme ich über die Straße, ohne mir einen Absatz abzubrechen?
Wie trinke ich die erste Tasse Kaffee, ohne mein Hemd zu ruinieren?
Mein Schlüssel ist da, wo ich meinen Schlüssel hingelegt habe.
Morgen ist auch noch ein Tag.
Ich bin ich.

wie die Balletttänzerin, die sie früher war, in Schichten von Stulpen, Pulswärmern und Wickeljacken gemummt. Das Beisammensein im Pyjama stellte zwischen diesen eigentlich Fremden sofort eine Intimität her, wie wir sie seit dem Backfischalter nicht mehr erlebt hatten. Wir öffneten die Weinflaschen, jemand hatte eine Thermoskanne mit Chai mitgebracht und, für Amerikanerinnen unentbehrlich, sieben verschiedene Sorten Eis, die sie direkt aus dem Kübel löffelten und herumreichten. Aber wir hatten nicht lange Zeit zum Plaudern. Meg klatschte in die Hände: »Kommt schon, Mädchen, im Kreis aufstellen, wir machen ein Spiel!«

Ich stöhnte innerlich. Bitte nicht. Der ganze Workshop war wie durch ein Wunder ohne eine einzige Partnerübung vorübergegangen, jetzt bitte nicht zum Abschluss noch lustige Spiele!

Doch die anderen waren Feuer und Flamme, bauten sich im Kreis auf und hielten sich an den Händen. Widerwillig stellte ich mein Glas ab und gesellte mich dazu.

»Und jetzt sagt mal alle schön der Reihe nach, was das Beste an diesem Kurs war!«

Das Wort wurde mit Händedruck weitergegeben: »Desikachar.«

»Desikachar.«

»Desikachar und Kausthub.«

»Der Meditationskurs.«

»Die Meditation.«

»Die Meditation.«

Am Ende rissen wir die Hände hoch und stießen ein ganz und gar unmeditatives Kriegsgeheul aus. Auch ich.

Und dann schlich ich weg, in meinem Pyjama den Gang entlang, zu meinem Zimmer zurück. Ich fühlte mich wie Margaret Mead, die es geschafft hatte, an einem Stammesritual teilzunehmen, ohne allzu sehr aus dem Rahmen zu fallen. Fasziniert. Stolz. Erschöpft.

Bevor ich ins Bett ging, fiel mein Blick zufällig auf den Prospekt des Krishnamacharya Yoga Mandiram. Darin war ein neuer Kurs ausgeschrieben, speziell für Rikscha-Fahrer. Gratis.

The (Big)
Cat's Meow
(415) 753-7143

Brüllen wie ein Löwe *oder* Singen wie ein Mönch

Den Löwen mache ich immer ganz am Schluss meiner Yoga-Stunde, und dann kommt immer Cyril aus dem Zimmer gerannt oder auch Thomas: »Was ist los?«, rufen sie und sehen mich dasitzen wie eine Lötschentalermaske, die Haare wirr, die Augen verdreht, die Zunge herausgestreckt. »Hast du mich wieder erschreckt!«

Der Löwe: Man stützt sich mit den Händen auf die Knie, beugt sich mit einem nachdrücklichen, lauten, keuchenden Ausatmen nach vorn, rollt die Augen nach oben und streckt die Zunge heraus, so weit wie möglich. Das heißt, eigentlich sitzt man im Lotussitz, wenn man den kann – ich kann ihn ja leider nicht.

Cccchhhhhhhhaaaa!

Der Löwe kann sich alles erlauben. Chhhhhaaaaa! Bleib mir vom Leib! Haaaaaaa – raus damit. Alles raus. Eine seltsam befreiende Stellung.

Der Löwe soll außerdem gut sein für die Singstimme, und so habe ich mich eines späten Abends auf einer Dinnerparty dazu hinreißen lassen, ihn vorzumachen. Eine der anwesenden Künstlerinnen musste am nächsten Morgen auftreten und war stockheiser. Ich ging also in die Knie und fauchte sie an. Streckte ihr die Zunge heraus. Die Gespräche verstummten. Die kultivierteren Gäste wandten sich ab, die anderen starrten.

Man sollte grundsätzlich auf Dinnerpartys nicht mit Yoga-Stellungen angeben, und der Löwe eignet sich dafür schon gar nicht.

Obwohl die Dame am nächsten Tag sehr schön gesungen hatte.

Der Workshop war zu Ende. Ich hatte meine Sachen gepackt, die Bücher, die ich gekauft hatte, auf die Rückbank im Wagen gestapelt und meine neuen Yoga-Freundinnen umarmt.

Ich nahm den längeren Weg nach Hause, auf einer kurvenreichen Straße um den Yosemite Nationalpark herum, am Waldrand entlang. Im hässlichsten Auto der Welt, einem dunkelbraunen Chevy Cavalier '85 mit orangefarbenen Seitenstreifen, einem Auto, wie ein Kind es zeichnen würde, einem Auto, wie es zu jemandem passt, der gar nicht wirklich Auto fährt. Im Radio lief *Killing Me Softly*, und ich sang mit. Aus vollem Hals. Strumming my pain with his fingers… Und dann wurde mir plötzlich bewusst: Ich fahre Auto. Ich singe.

Singen und Autofahren: zwei Dinge, von denen ich ganz sicher wusste, dass sie nicht für mich waren. Konnte ich nicht, wollte ich nicht. Das Autofahren ließ sich in Kalifornien nicht mehr wirklich umgehen und konnte mithilfe einer Fahrschule mit Namen Home of the Fearless Driver einigermaßen bezwungen werden, obwohl ich immer noch für panische Kehrtwenden auf Autobahnauffahrten bekannt war.

Doch Singen, das war eine andere Geschichte. Singen war

für mich immer ein Albtraum gewesen. Und ich meine das ganz wörtlich: Ich träume oft, dass ich in den Kulissen des Opernhauses stehe, im Kostüm zwischen Vorhängen, und weiß, dass ich als Nächste dran bin. Verzweifelt versuche ich, eine der vorbeihuschenden Gestalten am Ärmel zu erwischen, ihnen zu sagen, das alles sei ein furchtbares Missverständnis, ein schrecklicher Fehler, ich könne doch gar nicht singen. Dann öffnet sich der Vorhang, und ich wache auf, schweißgebadet.

Ich sang nie, nicht unter der Dusche und nicht beim Autofahren, grundsätzlich nicht, wenn sich im Umkreis von hundert Metern andere Menschen aufhielten. Bewegte bei *Happy Birthday* nur die Lippen, fiel auch nicht mit ein, wenn im Autoradio *Girls Just Wanna Have Fun* lief. Ich sang nur für meinen Sohn. Doch als Lino ungefähr drei Jahre alt war, bat er mich, die abendliche Einschlafroutine umzustellen, also erst ein Lied und dann eine Geschichte, »das Angenehme für den Schluss aufsparen, weißt du, Mama«.

So ging ich durchs Leben, ohne zu singen, bis ich nach San Francisco zog und innerhalb von Minuten den formidablen Maestro Steiner kennen lernte, der die Auffassung vertrat, jeder Mensch könne singen, mehr noch, jeder Mensch müsse singen.

»Singen macht glücklich«, sagte Steiner. Und in seinem Chor sang auch jeder. Geschult oder nicht geschult, da wurde nicht vorgesungen und nicht ausgewählt, sehr zum Leidwesen der Amerikaner, die immer gern eine Prüfung bestehen. Laute Stimmen und leise, sichere und unsichere und auch gern einen halben Ton daneben – er riss sie alle mit, führte sie zusammen, Menschen, die regelmäßig sangen, und solche, die noch nie gesungen hatten, sie wurden alle zu einer Stimme, die jedes Jahr in der Neujahrsnacht die Neunte Symphonie von Beethoven erklingen ließ. Der *Chronicle* schrieb gar, es gebe keine bessere Art, Silvester zu verbringen, als »die Ode an die Freude zu hören, von begeisterten Laien geschmettert«.

Nur ich weigerte mich hartnäckig. Nicht, dass Steiner es nicht versucht hätte, mich umzustimmen: Einmal zum Beispiel standen wir in einem Supermarkt an der Kasse, vor uns auf dem Band alles, was wir für die Überraschungsparty für seine Frau Kate brauchten, Champagner, Schokoladenkuchen, Luftballons und vierundsechzig Dosen Cola light, als er plötzlich den Mund aufriss.

»Aaaaahhhh!«, schmetterte er. Seine Stimme füllte den ganzen Laden. Die Leute, die hinter uns in der Schlange standen, klatschten.

»Und jetzt du«, sagte er, »ich möchte mal sehen, wie deine Stimmlage ist.« Er zwinkerte der Kassiererin zu, die ungerührt den Preis für vierhundert Luftballons eintippte.

»Ah!«, piepste ich.

So stand es um mich, als ich nichts ahnend zu meiner ersten Yoga-Stunde ins Ahimsa-Studio stolperte.

Alice schloss die Augen, legte die Handflächen zum Gebet zusammen und schmetterte los: Vande gurunam charanaravinde…

Ihre Stimme dröhnte erstaunlich laut aus ihrem kleinen Körper, aber sie zitterte, sie wackelte, sie flutschte die Töne entlang, kiekste manchmal sogar. Ich stand ganz vorn und hauchte nur zaghaft mit, aus Angst, einen Fehler zu machen, aus Angst, die anderen mit meinen falschen Tönen aus ihrer Konzentration zu reißen. Doch schlechter als Alice konnte ich eigentlich nicht singen.

Ich öffnete ein Auge und starrte sie an. Ich erwartete, Alice mit rotem Kopf dastehen zu sehen, mit einer verlegenen Grimasse, einem entschuldigenden Lächeln. Stattdessen hatte sie das Gesicht erhoben, als öffnete sich der Himmel über der fleckigen Studiodecke, voller Inbrunst. Wie konnte jemand so falsch klingen und so glücklich dabei aussehen?

»Ich war immer felsenfest davon überzeugt, dass ich eine tolle Stimme hätte«, erzählte sie mir später. »Als ich acht oder neun war, hab ich eine Nachbarin überredet, mich zu einem öffentlichen Vorsingen nach Los Angeles zu fahren, für *Evita* – meine Mutter wollte es nicht erlauben. Zuerst kommt die Schule, sagte sie – vielleicht wollte sie mir auch die Demütigung ersparen. Aber ich wusste einfach, dass ich für die Bühne gemacht war. Nun, sagen wir so: Ich hab's vermasselt.«

»Was hast du denn vorgesungen?«

»*Happy Birthday*. Ich hab *Happy Birthday* vermasselt!«

Das gab den Ausschlag. Ich meldete mich bei der Gesangslehrerin Vera an, die ich – wer sagt's denn – im Yoga-Studio kennen gelernt hatte. Wir tauschten Gesangsstunden gegen Inserattexte.

Die Stunden fanden in der Uni statt, in einem winzigen, nur ungenügend isolierten Raum an einem geschäftigen Flur. Ich konnte die Studenten draußen schwatzen hören, und die Vorstellung, dass auch sie mich hören würden, lähmte mich so, dass ich die ersten Stunden keinen Ton herausbrachte. Vera war geduldig. Vera war freundlich. Sie sagte, ich hätte eine zarte Stimme. Ich lernte schließlich *The Girl from Ipanema* und *Killing Me Softly* zu singen, was sie mir auf eine Kassette aufnahm.

Und seither singe ich im Auto. Nach hundertmal *Killing*

Me Softly im Auto bekam ich von Lino die Version der Fugees, und wir sangen zusammen.

Singen macht glücklich.

Vera färbte sich blonde Strähnen in die Haare und zog nach Los Angeles, um ihre Gesangskarriere weiterzuverfolgen. Und ich trat endlich diesem Chor bei.

Und da stand ich nun zwischen Liliana, einer üppigen professionellen Carmen, die sonst im Chor des Opernhauses sang, und der bärig brummelnden Bardame Debbi.

»Freude!«, schmetterten wir im überfüllten Pub, wo eine Art öffentliche Probe stattfand, ein chaotisches vorweihnachtliches Konzert. »Freude!« – den Trinkern entgegen. Und wir empfanden sie auch, die Freude, ich hakte mich bei Debbi ein, die Stammgäste prosteten uns vom Tresen aus zu, nicht wenige fielen in den Gesang ein, tief, laut, falsch, egal.

Singen macht glücklich – Steiner hatte es immer gesagt.

Desikachar erzählte, dass er selbst vollkommen unmusikalisch sei und eine »schauderhafte« Stimme habe. Mit dem Singen der Veden begann er erst nach einigen Jahren des Studiums mit seinem Vater. Und dann bat ihn seine Mutter auch schon inständig, damit wieder aufzuhören: »Es gibt schon genug Lärm in der Nachbarschaft!«

»Damit hatte sie nicht unrecht«, erzählte er bescheiden. »Doch obwohl ich meine Mutter sehr liebte, kam ich ihrer Bitte nicht nach.«

Und nach und nach stellte er fest, dass seine Stimme voller wurde und sich immer mehr der seines Vaters anglich.

Das nachmittägliche Singen im Back-to-the-Roots-Workshop hatte sich bald von einer auf zwei Stunden ausgedehnt und wurde zum Herzen des Kurses. In dieser Zeit wurde nichts erklärt und nicht geübt, nur gesungen. Wir sangen die Veden, so wie Kinder sie lernen, die noch nicht lesen können: Kausthub und Desikachar sangen eine Zeile vor, wir sie nach – so oft, bis es einigermaßen richtig klang. Dann kam die nächste Zeile. Wenn wir die konnten, hängten wir sie an die erste an. Und so arbeiteten wir uns langsam durch die jahrtausendealten Verse über einen Glauben, der nicht der unsere war, in einer Sprache, die nicht die unsere war.

Eine Frau hob die Hand: »Ich möchte aber schon gern wissen, was ich singe«, sagte sie, »ich bin nicht sicher, ob sich das mit meiner Religion vereinbaren lässt.«

»Ich kann Ihnen versichern, dass ich Sie nichts Unpassendes singen lasse!« Und Desikachar übersetzte geduldig. Doch wichtig sind nicht die einzelnen Worte – das Geheimnis liegt in der meditativen Wirkung der immer gleichen drei Töne, nicht im Inhalt.

Es gibt Untersuchungen, die belegen, dass die beim Singen ausgelösten Schwingungen eine heilende Wirkung haben. Doch auch das muss man nicht unbedingt wissen. Man kann es schließlich fühlen.

Irgendwann entspannten wir uns alle und gaben uns dem beruhigenden Auf und Ab dieser drei Töne hin. Und langsam wurden die zweihundert Stimmen zu einer einzigen. Einmal öffnete ich die Augen einen Spalt weit. Desikachar und Kausthub saßen mit unterschlagenen Beinen auf der Bühne. Absolut hingegeben. Absolut glücklich.

Alles andere, die Stunden am Morgen, die Erklärungen und Vorträge, das Demonstrieren der Asanas – das war Arbeit. Eine Arbeit, die sie mit Leidenschaft und großer Ernsthaftigkeit machten, aber es war Arbeit. Dafür waren sie hergekommen, dafür wurden sie bezahlt. Doch dieses

Singen am Nachmittag, diese ein, zwei Stunden, dieses Aufgehen im Moment, die absolute Konzentration und gleichzeitig absolute Leichtigkeit, das war reines Yoga.

Ich ließ den Park hinter mir und kam auf den Highway, der mich in wenigen Stunden schnurgerade nach San Francisco bringen würde. Ich freute mich, nach Hause zu kommen. Freute mich auf die Kinder. Freute mich darauf, morgen früh meine Matte auszurollen und mein Yoga zurückzuerobern. Mein Yoga, das nach diesem Workshop klarere Züge angenommen hatte, das nun tatsächlich mein Yoga war. Die Odyssee war beendet.

Telling my life with his song, killing me softly … – endlos.

Singen macht glücklich.

Steiner hatte es immer gesagt. Mr. Desikachar auch.

PLATINUM
CARDIO ROW

Mach nicht so ein Kuhgesicht *oder* Die gute alte Frauenfrage

Eines der größten Yoga-Rätsel ist für mich das Kuhgesicht, Gomukhasana. Bei dieser Stellung hebt man den einen Arm über den Kopf, beugt ihn dann und legt die Hand auf den Rücken, wo sie nach der anderen greift, die sich von unten entgegenstreckt. Der Ellbogen ragt steil in die Luft, die Beine sind an den Knien übereinander schlagen. So neigt man sich dann nach vorn. Öffnet und dehnt die Hüften und die Schultern.

Dieses Kuhgesicht, bitte schön, gehört nicht einer dummen Kuh, sondern der in Indien heiligen Kuh. Eine dumme Kuh bin höchstens ich, die ich das Kuhgesicht einfach nicht sehe. Ist es der eine Ellbogen, der aufragt wie ein Kuhhorn? Aber warum nur eines? Oder sind es die nach beiden Seiten zeigenden Füße? Die Knie?

Mehr als einmal hat mir Alice die Kuh zu zeigen versucht, die sich offenbar aus Ellbogen und Knien zusammensetzt, aber ich sehe sie einfach nicht. Beim besten Willen nicht. Ebenso wenig wie ich das Frauenprofil in der Baumkrone sehe oder die Madonna im Kornfladen. Das ist das Gomukhasana für mich: ein Vexierbild-Asana.

Mittwochmorgen, kurz vor sieben: Wieder mal den Wecker nicht gehört. War es wirklich erst eine Woche her, dass ich freiwillig um vier aufgestanden war, um Yoga zu üben? Zwanzig Minuten zu spät, zwanzig Minuten, die den ganzen Morgen fehlen würden. Lino wecken, der unten schlief, Cyril oben. Wach wurden beide nicht, und so rannte ich die Treppe rauf und runter, während ich gleichzeitig Frühstück machte und Lunchpakete packte, die dann doch keiner essen würde. Andere müssen sich für teures Geld einen Stairmaster kaufen, tröstete ich mich. Cyril stöhnte so herzzerreißend, dass ich ihn am liebsten schlafen lassen würde. Warum kann die Schule nicht um zehn beginnen? Aber ich musste heute eine Geschichte abgeben. Eigentlich gestern, aber die Zeitverschiebung von neun Stunden ist immer für eine Ausrede gut: »Sorry, ich dachte, bei euch sei erst Dienstag…« Lino brauchte Geld für Basketballschuhe und Cyril seine Turnhosen, die nicht gewaschen waren. Und die Milch war auch sauer.

Morgen mache ich es besser, dachte ich. Lege die Kleidung schon abends raus, kaufe Milch. Stehe früher auf. Habe alles im Griff.

Der Haushalt – das ist der Unterschied zwischen Yoga-Workshop und Alltag. Kein Wunder, dass Frauen so lange vom Yoga ausgeschlossen waren. Ich musste wieder an Mia denken, eine groß gewachsene, breitschultrige Yoga-Lehrerin aus Israel mit stoppelkurzem Haar, die ich im Workshop kennen gelernt hatte. Sie war vielen auf die Nerven gefallen, weil sie ständig aufgestanden war und mit ihrer tiefen, volltönenden Stimme nicht nur Fragen gestellt, sondern ganze Vorträge gehalten hatte.

»Hört mal, ich bin nicht so weit geflogen, um den Mund zu halten«, verteidigte sie sich. Und ihre Beiträge waren immer so kontrovers, dass sie garantiert niemanden kalt ließen.

An jenem Tag war es um die Rolle der Frau im Yoga gegangen. Dass Yoga heute hauptsächlich von Frauen praktiziert und auch mehrheitlich gelehrt wird, ist das Ergebnis einer relativ neuen Entwicklung. Yoga war nämlich jahrhundertelang für Frauen verboten.

Die Veden, die ersten heiligen Schriften, unterscheiden allerdings noch nicht zwischen Männern und Frauen. Erst in späteren Texten finden sich diese Vorschriften, die Frauen von spirituellem Unterricht, selbst – ironischerweise – vom Lesen der Veden, ausschließen. Wie meistens werden Übersetzungen und Interpretationen alter Überlieferungen den Interessenvermittlern angepasst.

Erst Krishnamacharya hob Anfang des 20. Jahrhunderts diese Verbote auf. In diesem an sich orthodox-religiösen Mann steckte nämlich revolutionäres Potential: Wenn ihm eine Interpretation nicht einleuchtete, befolgte er sie nicht.

Er wurde ja nach siebeneinhalb Jahren bei einem Guru in einer tibetischen Höhle zum Heiraten in die Welt hinausgeschickt. Und ich wage einmal zu behaupten, dass es unendlich schwieriger ist, in einem kleinen Haus, umgeben von Frau und Kindern, inmitten unbezahlter Rechnungen und unerledigter Haushaltspflichten, zu meditieren als in jeder noch so zugigen Höhle. Die Krishnamacharyas waren außerdem sehr arm – sein einziger Lendenschurz war vom einzigen Sari seiner Frau abgezwackt. Er arbeitete auf Kaffeeplantagen, sie zog unter größten Entbehrungen die Kinder groß. Irgendwann in dieser schwierigen Zeit muss Krishnamacharya seine Frau angeschaut haben, die nur vier Jahre zur Schule gegangen war, und ihm muss klar geworden sein, dass sie mehr von Yoga verstand als er. Er war fortan der festen Überzeugung, und vertrat sie auch, dass Yoga für Frauen noch wichtiger ist als für Männer. Und dass Frauen außerdem bessere Yoga-Lehrer sind, zuverlässigere, weniger vom Ego getriebene Vermittlerinnen der Lehre. Also fegte er die jahrhundertealten Verbote zur Seite und bildete seine Frau zur Yoga-Lehrerin aus.

»An dem Tag, an dem ich einen wirklichen Brahmanen kennen lerne, an dem Tag werde ich anfangen, die Regeln (der Kaste) zu befolgen«, sagte er immer. Gegen Ende seines Lebens vertrat er die Ansicht, es gebe ohnehin nur zwei Kasten, Frauen und Männer. Und er ließ niemanden im Zweifel darüber, dass er Frauen für die Überlegeneren hielt, jedenfalls im Bezug auf Yoga.

Und an diesem Punkt sprang Mia auf: »Frauen brauchen keine Bücher!«, rief sie. »Frauen brauchen keine spirituellen Lehren. Wir haben Kinder, wir geben ihnen ein Heim, das ist unsere spirituelle Aufgabe!«

Die eine Hälfte der Frauen stöhnte. Die andere nickte bestätigend.

Interessantes Argument: Sich jeden Tag ohne Bezahlung oder Anerkennung um andere Menschen zu kümmern, ist unbestritten eine Charakterschule – doch ob es zur Erleuchtung führt? Auf der einen Seite stehen die, die regelmäßig mitten in der Nacht mit einem »Mama, mir ist schlecht!« aufgeweckt werden – hoppla, schon zu spät! Auf der anderen die, die sich nur mit ihren eigenen schönen Gedanken umgeben. Letztere sind meist langweilig, selbstbezogen. Und irgendwann merken sie das, buchen ein Selbsterfahrungswochenende und lassen sich dort für viel Geld von einem Guru zusammenstauchen. Das Auflösen des Egos – oder es mit Gewalt zu brechen – ist eine oft praktizierte, der spirituellen Entwicklung dienende Methode.

Keine Frage.

Doch heißt das nun, dass Frauen, die keine Kinder haben, auf einer niedereren spirituellen Stufe stehen? Und was ist mit denen, die sich weigern, die Fenster zu putzen, denn die soll es ja auch geben?

Ich dachte wieder an Mia, als die Kinder endlich, nur wenig zu spät und mit beinah gebürstetem Haar, aus dem Haus und hoffentlich in der Schule waren. Ich würde nicht behaupten wollen, dass ich mich besonders erleuchtet fühlte. Viel eher so, als hätte der Tag schon zwanzig Stunden auf dem Buckel. Dabei hatte er erst angefangen. Dazu wollte ich Mia befragen: »Wenn wir wirklich geistig so hoch entwickelte Wesen wären, würden wir dann diese spirituelle Gratis-Akademie einfach so egoistisch für uns allein in Anspruch nehmen? Wäre es nicht unsere heilige Pflicht, den Männern auch mal eine Runde an der Windelwechsel-Gebetsmühle zu gönnen?«

Schließlich behaupten viele Männer, sie sehnten sich nach dem vergleichsweise geruhsamen Leben zu Hause. Sie würden gern mit ihren Frauen tauschen, wenn sie denn nur könnten, wenn es der Job nur zuließe, das Geld …

Gita Iyengar, die Tochter von B.K.S. Iyengar und seine rechte Hand, beschreibt es in ihrem Buch *Yoga für die Frau* so: Die Mutterschaft verlange der Frau heilige Eigenschaften wie Opferbereitschaft, Glauben, Toleranz, Gutmütigkeit und harte Arbeit ab. Das sei ihre höchste Religion, ihr Svadharma. Doch manchmal sei sie überwältigt von den Lasten ihres Lebens – weil es ihr nicht möglich sei, sich von der Vielzahl der Pflichten zu befreien, die ihr die Natur auferlegt habe. Manchmal würde sie sich losreißen wollen, intellektuell auf und davon fliegen. Die Frau zahle in ihrer Rolle als Mutter, Ehefrau, Schwester und Freundin

Neun Hindernisse auf dem traditionellen Yoga-Weg	**Neun Hindernisse auf dem Schlampen-yoga-Weg**
* Krankheit	* Fernsehprogramm
* Trägheit	* Glas Wein
* Zweifel	* rasende Gedanken
* Hast	* Einschlafen
* Resignation	* Erbse unter der Matte
* Ablenkung	* Putzwahn
* Die Illusion, alles zu wissen	* Minutenmangel
* Die Unfähigkeit, einen neuen Schritt zu machen	* frühzeitige Kapitulation angesichts unerreichbarer Yoga-Ideale
* Unlust	* unbändige Lust auf etwas ganz anderes

physiologisch und psychologisch einen hohen Preis. Körperliche und mentale Stabilisierung könne sie durch Asana und Pranayama erreichen – in ihrer Ausführung liege die Erlösung.

Erlösung können wir allerdings alle brauchen. Ebenso intellektuelle Höhenflüge.

Auch wenn unser Leben weniger aus »heiliger Pflichterfüllung« besteht und mehr aus dem täglichen Hetzen und Hecheln des modernen Lebens, aus dem verzweifelten Versuch, diese irgendwann im Halbschlaf entwischten fünfzehn Minuten einzuholen, die einem dann den ganzen Tag fehlen. Und die unter Umständen auf der Yoga-Matte auf uns warten. Wer weiß?

Ich schickte Mia eine E-Mail und wartete auf Antwort.

Meine Yoga-Matte hatte ich noch immer nicht ausgerollt. Dafür Milch gekauft. Das Frühstücksgeschirr gespült. Wäsche gefaltet. Eine Geschichte geschrieben.

»Das Leben einer Frau ist anstrengend genug«, sagt Gita Iyengar und empfiehlt vor allem erholsame Stellungen, die im Liegen oder auf Kissen gestützt auszuführen sind, in denen sie sich wieder aufladen können. Frauen neigen dazu, sich selbst auszulaugen. Das Wichtigste oder das Erste ist, sich zu regenerieren. Doch nichts fällt uns schwerer. Wir wollen uns immer selbst übertreffen, uns noch mehr anstrengen, überwinden, noch mehr schaffen, noch mehr leisten.

So wird Yoga einfach zu einem weiteren Punkt auf der Tagesordnung, den man abhaken muss, zu einem Ideal, dem man nicht gerecht werden kann, zu einer täglichen Gelegenheit, sich selbst zu beschimpfen. Dumme Kuh!, sagt man zu sich, hast schon wieder deine Atemzüge nicht richtig gezählt! Was ist so schwer an vier, sechs, acht? Ist das vielleicht zu hoch für dich? Und was ist mit dem Fuß, kriegst du den wirklich nicht höher? Na, komm schon, streng dich ein bisschen an. Und die 158 Euro für die Yoga-Pants mit Om-Spitzen-Einsatz an strategischen Stellen hättest du dir auch sparen können, die sehen nämlich nur in kleinen Größen gut aus.

Liebes Kuhgesicht, möchte man da sagen. Leg dich doch einfach mal hin. Und genau das tat ich auch. Ich schob mit dem Fuß die herumliegenden Videospiele und CDs zur Seite, die Turnschuhe, die Einkaufstasche, ich rollte endlich meine Matte aus und legte mich hin.

So.

IS THE

Die Mutter aller Yoga-Stellungen *oder* Wie man fröhlich altert

Wenn der Kopfstand der König aller Stellungen ist, ist die Kerze die Königin, die Mutter. In der Kerze, wie idealerweise in den Armen einer Mutter, fühlt man sich absolut sicher und aufgehoben. Kinder baumeln gern mit dem Kopf nach unten, es erinnert sie, so sagt man, an das Purzelbaumschlagen im Mutterleib. Die Kerze ist die einfachste Umkehrstellung, und, wenn man sie mit einem Polster, einem Stapel Wolldecken unter den Schultern gegen die Wand ausführt, die sicherste.

Indra Devi behauptet in Yoga – leicht gemacht*: »Die Kerze ist eine der besten Übungen zur Erhaltung der Jugendlichkeit und Vitalität. Sie beugt der Faltenbildung vor und verhindert vorzeitiges Altern, da sie die Drüsen, die inneren Organe und die Haut in jugendlichem Zustand erhält. Sie ist besonders zu empfehlen bei Frauenleiden, Menstruationsstörungen und klimakterischen Beschwerden. Man sagt ihr auch nach, dass sie die Manneskraft bewahrt.«*

Manneskraft? Frauenleiden?

Es war spät. Ich hatte mich zum Einkaufskanal durchgezappt, wo Jennifer Flavin, auch bekannt als Mrs. Stallone, gerade einen Faltenkleister anpries, der mit einer von ihr entworfenen Schminktasche geliefert wird.

»Natürlich hält der Effekt nicht an«, rief sie, »aber wen kümmert das schon? Wir wollen doch alle nur ein paar Stunden lang gut aussehen!«

Jennifer Flavin lachte, nur leicht überdreht. Ich nehme dasselbe wie sie, denke ich und hatte die Hand schon am Telefon, als sich die Stimmung am Bildschirm veränderte.

»Weißt du, dass mein Mann auch beim Film ist?«, warf die zweite Verkäuferin ein, die mit ihrem weißen Laborkittel dermatologische Kompetenz ausstrahlen sollte. Bis jetzt hatte sie nicht viel gesagt, nur mit einem perfekt manikürten Finger auf diese oder jene Tube gezeigt – Faltenkleister gibt es für die Augen, für die Stirn und für den Mund, zu je 14,95 oder im Sonderangebot alle drei zusammen für 29,95.

»Ach wirklich?«, Jennifer riss die Augen noch weiter auf, ohne dass sich ihre Haut verschob. Dieser Faltenkleister war wirklich hervorragend.

»Ja, er ist Ausstatter – und ist jetzt gerade mit deinem Mann in New York!«

Jennifer erstarrte.

»New York?«, rief sie. Ihre Stimme war höher geworden. »New York, davon weiß ich ja gar nichts! Was macht mein Mann in New York?«

Die Dermatologendarstellerin wünschte wahrscheinlich, sie hätte nichts gesagt. »Ach, da muss ich wohl etwas missverstanden haben – sollten wir jetzt nicht mal ein paar Kundenanrufe entgegennehmen?«

»Anrufe? Ja, jemand soll meinen Mann anrufen! Sofort!« Hektisch flog Jennifers Kopf auf dem dünnen Hals hin und her, als vermute sie den Abtrünnigen in den Kulissen.

»Oder meinen Scheidungsanwalt. Was meinst du, Katie, soll ich gleich meinen Scheidungsanwalt anrufen?«

Beinahe hätte sie das Döschen fallen lassen. Vorsichtig stellte sie es wieder vor die Kamera. Das Lächeln fiel ihr jetzt, verspätet, auch wieder ein, sie zog den Mund gequält auseinander. Der Kleister bröckelte ab. Die beiden Frauen wurden ausgeblendet, eine Nummer erschien auf dem Bildschirm.

Ich rief sofort an und bestellte das Paket. Ich hatte immer noch die Stimme einer Freundin im Ohr, die mich erst kürzlich ermahnt hatte: »Am Gesicht gespart ist am falschen Ort gespart.«

Solche Bemerkungen häuften sich in letzter Zeit. Alle waren gut gemeint: »Frau Moser, Sie machen uns allen Mut, zu unseren Falten zu stehen!«, hatte mir eine Leserin geschrieben. Falten? Ich? Ich hatte zum Spiegel gegriffen und ihn, was man nicht sollte, unter mein Gesicht gehalten. Das dann auch sogleich von den Backenknochen rutschte und auf die glatte, runde Fläche in meiner Hand fiel. Ein erschreckender Anblick.

Wenig später dann der Ausflug in die Welt des Bestellfernsehens.

Ich hatte ihn aus den Augen verloren, meinen Freund Meloni, der einmal im Monat folgendes Ritual absolviert hatte: Erst ging er zum Haareschneiden. »Sieben / eins«, sagte er, und der Friseur wusste genau, was er meinte: sieben Millimeter oben, einen an den Seiten, mit der Maschine geschnitten. Danach, am Fotoautomaten am Bahnhof Stadelhofen, ließ er einen Streifen mit vier Bildern machen, schwarz und weiß. »Um meinen unaufhaltsamen körperlichen Verfall zu dokumentieren«, sagte er. Er war damals vielleicht siebenundzwanzig Jahre alt.

Ich wusste nicht, ob er das heute noch machte, ich wusste nicht einmal, wie er aussieht. Mir würde er vermutlich wenig verändert erscheinen. Bis er die Fotos von 1991 hervorkramen würde …

Lässt sich der körperliche Verfall denn wirklich nicht aufhalten? Madonna behauptete ja, dass tägliches Ashtanga-Yoga einen ewig sechzehnjährigen Körper garantiert. Forever young! Madonna behauptete aber auch, dass Kabbalisten die besseren Liebhaber sind – und dass ihre plötzlich absolut faltenfreie und bewegungsunfähige Stirn allein auf ihre glückliche Ehe zurückzuführen ist. Man kann Madonna wirklich nicht alles glauben.

Krishnamacharya wurde über hundert Jahre alt, Indra Devi hundertzwei. Beide konnten bis zu ihrem Lebensende noch halbe Stunden lang auf dem Kopf stehen. Beide waren gesund und glücklich. Aber sahen sie aus wie Teenager? War ihre Haut faltenfrei, ihre Bäuche flach, die Haare schwarz? Hätten sie in Hüfthosen und bauchfreiem Top noch gut ausgesehen?

Tut mir Leid. Nein.

Doch Madonna wollte damit wohl nur sagen, dass Vinyasa-Krama, das System, auf dem Ashtanga, Power und anverwandte Yoga-Formen gründen, für den sechzehnjährigen Körper entwickelt wurde. Nicht, dass es einen sechzehnjährigen Körper macht.

Kein Wunder, dass dieses Teenager-Yoga gerade in Amerika so großen Anklang findet, denn das ganze Land steckt ja sozusagen noch in der Pubertät. Allerdings schwappt diese Power-Yoga-Welle jetzt auch relativ ungefiltert nach Europa und fasziniert uns kultivierte, besonnene, mehr oder weniger erwachsene Bewohner der Alten Welt genauso. Wir wollen alle das, was die Sechzehnjährigen haben:

ihre Haut, ihre Freiheit, ihre Hüfthosen und ihr Yoga. Ob es uns nun steht oder nicht.

Wollen wir vielleicht in Wahrheit noch einmal sechzehn sein? Das Leben vor uns haben, alles anders machen?

Vielen Dank, ich nicht!

Ich bin oft mit Sechzehnjährigen zusammen. Sie helfen mir, bunte, billige Kleider zu kaufen, sie erzählen mir, was sie beschäftigt, was sie nervt, was sie sich wünschen. Ich freue mich an ihrem strahlenden Aussehen. Ihr glühendes Bewusstsein für Recht und Unrecht beeindruckt mich. Ihr Lebensgefühl, ihr absolutes Vertrauen darauf, dass »alles gut wird«, inspiriert mich.

Aber tauschen? Never.

Als Sechzehnjährige war ich verängstigt, verklemmt, eingesperrt in einem Körper, der mir nicht gehorchte. Ich lebte eigentlich nur in meinem Kopf, da war alles möglich. Ich konnte mitten im Party-Trubel sitzen und ein dickes Buch lesen, mit handgemachter Schutzhülle, die den kitschigen Umschlag verdeckt. Ich tat so, als ginge mich das alles nichts an, als interessierten mich die Jungs, die mich nicht zum Tanzen aufforderten, kein bisschen.

Wenn ich mir heute alte Fotos anschaue, sehe ich ein schönes, etwas verträumtes Mädchen, und frage mich, was ich mit dieser Zeit hätte anfangen können, wenn ich wach gewesen wäre. Wenn ich ein minimales Gefühl für mich selbst gehabt hätte. Wenn ich nicht nur darauf gewartet hätte, dass das Leben endlich beginnt.

Deshalb finde ich das Älterwerden grundsätzlich toll: Weil das Leben immer besser wird, jedes Jahr. Weil ich mich immer besser kenne. Mich immer mehr ausfülle, immer mehr das lebe, was ist. Und natürlich auch, weil ich morgens, wenn ich das erste Mal in den Spiegel schaue, noch gar nichts sehe, weil ich nämlich ohne Kontaktlinsen quasi blind bin.

Der Vorteil an einem langen Leben als Couch-Potato ist, dass ich mich heute mit relativ wenig körperlichem Aufwand ziemlich gut fühle. Bestimmt besser als vor zehn oder fünfzehn Jahren. Natürlich würde ich gern noch in diese coole Lederhose passen, die ich 1989 gekauft habe und die noch absolut perfekt wäre, wenn ich sie denn über die Knie hochziehen könnte. Natürlich würde ich manchmal gern meine längst verschollenen Augenlider ausgraben und sie mit blauem Lidschatten bepinseln.

Aber möchte ich noch einmal fünfundzwanzig, zwanzig, fünfzehn sein? Himmel, nein. Nicht einmal dreißig, wenn ich ehrlich bin. Forever young? Nicht für mich, viiiiieeeeelen Dank!

Für mein Befinden ist die beste Zeit immer gerade jetzt. Und was kommt, kann nur noch besser sein. Anders gesagt, ich mag meine Jugend verpasst haben, aber mein Alter will ich richtig leben!

Dabei will ich nicht unbedingt hundert Jahre alt werden – die Lebensspanne, die gemäß Krishnamacharya ideal ist und uns nach yogischem Denken zusteht. Hundert Jahre, die wir allerdings nur werden können, wenn wir keinen Raubbau an unseren Energien treiben. Im Yoga hat der Alterungsprozess weniger mit Falten zu tun, als mit einer Behinderung des Energieflusses, einem Stocken. Wenn die Energiekanäle, die Nadis, nicht mehr offen und durchlässig sind, die Wirbelsäule nicht beweglich, wenn der Prana nicht ungehindert fließen kann, dann wird man alt, dann ist man leblos. Egal, wie viele Jahre man zählt, egal, wie klein die Hosengröße ist, die man trägt, egal, wie glatt die Stirn ist.

Und egal auch, ob man die Füße im Nacken kreuzen kann oder nicht, ob man eine Stunde Yoga macht oder zehn Minuten. Den »Zustand Yoga«, wie Patanjali ihn definiert, erreicht man eben nicht nur durch fleißiges Üben der Asanas. Krishnamacharya empfahl Asanas ohnehin eher für jüngere Menschen, im Alter, so fand er, solle man sich mehr und mehr auf Pranayama und dann auf das Rezitieren und die Meditation konzentrieren.

Ich empfinde nach dem Yoga oft eine Art Prickeln oder Kribbeln, ein sehr angenehmes, belebendes Gefühl – fast wie Glühwürmchen im Körper. Alice sah das immer als Zeichen dafür, dass der Prana wieder in Fluss gekommen war.

Für mich ist es das Gefühl, lebendig zu sein. Am Leben. Das liebe ich an Yoga. Das will ich empfinden. Aber nicht gerade hundert Jahre lang. Das ist mir dann doch zu anstrengend. Irgendwann muss ich auch schlafen.

Yoga heißt auch Veränderung. Am Anfang jeder ersten Yoga-Stunde, jeder ersten Übung steht der Wunsch, etwas zu verändern. Parinama-Vada: Alles ist immer im Wandel begriffen. So, wie die Dinge heute aussehen, müssen sie uns morgen nicht erscheinen. Veränderung. Das Gegenteil von Stagnation. Leben.

Aber Leben ist nicht nur Yoga: Jeden Sommer verbringe ich bei meiner Freundin K. Pie in Zürich in ihrem Kurhaus an der Klus. In meinem Zimmer wartet eine zusammengerollte Yoga-Matte auf mich – und ein Stapel Hochglanzmagazine. Doch immer, wenn ich die Matte ausrolle, kommt Pie die Treppe hoch: »Magst du einen Weißwein?« Und ich springe von der Matte und folge ihr in den Garten.

»Wie oft machst du eigentlich Yoga?«, fragt eine andere Freundin, die sich dazusetzt. »Jeden Tag?«

Yoga-Stellungen zum fröhlichen Altern

»Oh ja«, sage ich. »Jeden Tag.« Auf die eine oder andere Art. Ich hebe das Glas. »Zum Wohl.«

Freundinnen. Reden. Wein trinken. Sich lebendig fühlen. Verbunden. Mittendrin. Im Grunde dasselbe Gefühl wie bei Yoga. Und zu meinem Wohlsein brauche ich eben beides: mal dies und mal das.

Der Kleister war übrigens ein paar Tage später mit der Post gekommen. Ich konnte allerdings keinen Unterschied feststellen. Vielleicht, weil ich immer vergaß, ihn aufzutragen.

Auf einem sinkenden Boot *oder* Bad, bad, bad Hair Days

»Und lächeln! Lächelt euren zehn Zehen zu!«

In diesem Moment hätte ich die zwitschernde Yoga-Lehrerin erschießen können. (Merke: Man schießt nicht auf den Yoga-Lehrer!) In der Bootsstellung auch noch lächeln? Die Übung, bei der die ausgestreckten Beine und der Oberkörper eine Art V oder mit viel Vorstellungsvermögen ein Boot bilden, ist auch für Menschen anspruchsvoll, die den Tag mit dreihundert Sit-ups beginnen. Zu denen ich nun mal nicht gehöre. Ich glaube, ich bin einer dieser wenigen Menschen, die ganz ohne Bauchmuskulatur geboren wurden. Doch da ich bereits die Ausrede, meine Arme seien zu kurz, bei einer anderen Übung erfolglos vorgebracht hatte, hielt ich meinen Mund. Meine zehn Zehen zitterten jämmerlich irgendwo vor mir im Raum, und mein Lächeln sah nicht viel besser aus.

Kausthub macht seine Yoga-Stunden für Kinder interessant, indem er Geschichten erzählt: zum Beispiel eine Piratengeschichte. Eine Geschichte von einer Schatzinsel.

»Was brauchen wir, um den Schatz zu bergen?«, fragt er.

»Ein Boot! Ein Boot!« Die Kinder rufen durcheinander.

Und dann machen sie erst einmal die Bootsstellung, Navasana. Dann den Bogen, um sich zu schützen, ganz sicher das Brett, um an Land zu gelangen, vielleicht den Krieger ... Kinder haben keine Probleme mit dem Boot: Sie denken dabei nicht an ihre Bauchmuskulatur, sondern sie sind zu einer Schatzinsel unterwegs.

Ich lasse Cyril meine Zehennägel anmalen. Blutrot. Meine Füße sehen aus, als wären sie in einen Rasenmäher geraten. Neo-Punk nenne ich das. Und jedes Mal, wenn ich sie sehe, muss ich lachen. Nicht lächeln. Lachen. Und so kann ich gut auch eine Weile schaukelndes Boot fahren.

Das war mal wieder einer dieser Tage. Ich wachte auf, und die Welt war grau. Ohne Farben. Wie in dem Film, der ständig von farbig auf schwarz-weiß wechselte, nur weniger lustig. Ich wusste, was das bedeutete. Und was ich tun musste.

Aufstehen. Das war das Wichtigste. Aufstehen war die halbe Schlacht. Doch heute waren die Kinder nicht hier – und es gab keinen Grund. Ich zog die Decke über den Kopf. Dann schrillte der Wecker, den ich ja aus einem bestimmten Grund gestellt hatte. Ach ja, ich hatte mich zu einer Veranstaltung zum Thema Yoga-Therapie angemeldet. Das konnte ja heiter werden. Ich stand auf, band meine Haare ungekämmt zusammen, zog schwarze Sachen an.

Das Schicksal hatte ein Einsehen: Eigentlich hatte ich mich für den Kurs Yoga für Skoliosekranke einschreiben wollen, doch die Lehrerin warf nur einen Blick auf mich, befand meinen Rücken für gerade und schickte mich nach nebenan, wo Patricia Walden, eine der berühmtesten amerikanischen

Iyengar-Lehrerinnen, einen Workshop zum Thema Yoga für Depressive leitete. Wo ich, da hatte die andere Lehrerin ja recht, ganz offensichtlich auch hingehörte.

Patricia Walden war Ende fünfzig, lang, dünn und durchsichtig. Mit ihren weißblonden Haaren und ihrem weißen Trikot hatte sie etwas nonnenhaft Zartes – bis sie dann zum ersten Mal lachte: laut, etwas dreckig, entzückt.

»Ich war immer deprimiert«, begann sie. Sie erzählte, wie sie ihre Depressionen jahrelang selbst behandelt hatte – mit Heroin. »Nicht, dass ich das empfehlen würde«, sagte sie schnell in die schockierte Stille, »aber mir hat es geholfen. Deprimiert war ich jedenfalls ganz sicher nicht!« Langanhaltendes, schepperndes Lachen.

Bei ihrer allerersten Yoga-Stunde mit B.K.S. Iyengar sagte dieser etwas, das sie persönlich nahm: »Wer die Achselhöhlen offen hält, wird nicht depressiv.« Und: »Machen Sie einen Schritt. Egal, wie klein er ist.«

»Depression ist wie Treibsand«, hatte eine Freundin einmal gesagt. »Du könntest dich mit einem Schritt retten, aber diesen einen Schritt kannst du ums Verrecken nicht machen.«

Patricia Walden rollte die Arme zurück, öffnete die Achselhöhlen, die Brust – ich machte es ihr nach, während sie weiterredete. Und plötzlich knackte etwas in meiner Brust – ich schwöre es. Ich fühlte mich sofort besser.

Walden unterscheidet Depressionen nach den Gunas, den drei Qualitäten, in die sich nach ayurvedischem und yogischem Prinzip alles einteilen lässt. Tamas ist Schwere, Schwerfälligkeit, Trägheit. Rajas hingegen ist Unruhe, Getriebenheit. Der dritte Guna ist der Idealzustand: Sattva, Ausgeglichenheit, Klarheit, zufriedene Stille. Eine Tamas-Depression ist das beschriebene Versinken im Treibsand, während eine Rajas-Depression eher mit Panikzuständen, Schlaflosigkeit und wirren Stimmen im Kopf einhergeht. Was für die eine Art hilfreich ist, kann die andere verschlimmern.

Walden empfiehlt, Yoga-Stellungen nach ihrem emotionalen Gehalt auszuführen, also zum Beispiel, wann immer man sich ausgeliefert und hilflos fühlt, die Kriegerstellung einzunehmen. In diesem kraftvollen, zielgerichteten Asana, mit rechtwinklig gebeugtem Knie und nach oben gestreckten Armen, ist es schwer, sich Leid zu tun. (Das kommt erst etwas später, wenn die Oberschenkel zu zittern beginnen...)

Der Gott Virabhadra, nach dem die Stellung benannt ist, wurde aus dem Leiden geboren, aus der Trauer Gott Shivas über den Tod seiner Frau, genauer aus seinen vor Kummer ausgerissenen Haaren. Virabhadra soll tausend Köpfe, tausend Augen, tausend Füße und tausend Keulen gehabt haben, außerdem ein Tigerfell.

Und so soll man sich fühlen, wenn man dann langsam die Arme senkt, bis sie waagrecht sind, und den Kopf wendet, bis man über die Hand sieht. Wie ein kraftvoller Krieger, tapferer Krieger. Tausend Augen, tausend Füße.

Eine andere Übung, die einen aus dem Treibsand reißen kann, ist das Vor- und Zurückrollen aus dem Pflug in die Rumpfbeuge, vor und zurück, vor und zurück, im Rhythmus des Atems.

»Mr. Iyengar hat mich gebeten, eine Gruppe von jungen Menschen zu unterrichten, die unter Depressionen leiden.« Sie unterbrach sich, lachte meckernd. »Na ja, gebeten – Mr. Iyengar ›bittet‹ nicht wirklich!« Lachen aus dem Publikum. »Es ist kein Zufall, dass ich diese Gruppe führen muss. Er hat mich angehalten, Sie hin und her zu hetzen, Blocks und Wolldecken und Gurte zu holen. Das hilft. Das hilft auch mir.«

Außerdem Rückenübungen, sechsmal die Brücke schnell hintereinander ausgeführt. Schnelles Bewegen, mit weit offenen Augen. Während Rajas-Depressionen eher auf langsame, beruhigende Vorwärtsbeugen reagieren und auf das Üben mit geschlossenen Augen. »Aber man muss es ausprobieren. Es gibt kein Patentrezept. Man muss die Übungen machen, die einem gut tun. Bei denen man sich gut fühlt.«

Herausfinden, was einem gut tut. Dasselbe Prinzip wie beim Vini-Yoga, das aus einer ganz anderen Ecke kommt. Es tat mir gut, das zu hören. Yoga heißt schließlich Verbindung, nicht Kabbeleien bis aufs Blut!

Als ich nach dem Kurs wieder auf die Straße trat, hatte sich etwas Farbe in den Tag gemischt. Noch blass, wie auf einer vergilbten Fotografie, aber immerhin Farbe. Ich ging nach Hause, bewegte mich schnell, ich riss die Augen auf, bis sie tränten. Heute hatte ich »es« noch mal abschmettern können.

Ich hatte immer in der Nähe einer psychiatrischen Klinik gewohnt, immer also in einer Gegend, in der man auf dem Weg zur Straßenbahn oder zum Gemüseladen Gestalten mit wirrem Haar begegnete, die im Krabbengang gingen, mit unangezündeten Zigaretten fuchtelten, mit sich selbst redeten, haderten, schrien. Ich hatte sie kühl gemustert, die Distanz zwischen ihnen und mir mit einem Blick gemessen, ich brauchte sie als einen Maßstab: denn ich war immer nur einen Schritt davon entfernt.

Meine geistige Gesundheit stand auf eher wackligen Beinen. Ein Kartenhaus, dem zum Beispiel hormonelle Schwankungen leicht den entscheidenden Stoß geben können. Nach der Geburt von Cyril, meinem jüngeren Sohn, war ich tief und lange abgetaucht: eine Mischung aus postnataler und Erschöpfungsdepression, spät erkannt, verschleppt. Treibsand oder die absolute Unfähigkeit, einfach Stopp zu sagen, bitte anhalten, ich kann nicht mehr.

Wenn ich über die Schulter zurückblickte, sah ich die Radspuren des Kinderwagens Schlangenlinien ziehen: vom Straßenrand in die Mitte der Straße und wieder zurück. Ich riss mir damals mit den Nägeln die Haut vom Gesicht, als hätte ich darunter etwas verloren. Bei jedem Pfosten, an dem ich vorbeiging, musste ich den Impuls unterdrücken, meinen Kopf dagegenzuschlagen. Ich lag stundenlang unter dem Bett. Ich hörte alle möglichen Stimmen, und keine von ihnen war freundlich. Ich wachte jeden Morgen tränenüberströmt auf.

Gleichzeitig schrieb ich Bücher, veröffentlichte sie und wurde zu Lesungen eingeladen. Das klappte ganz gut, da ich nie selbst hinging: Stattdessen schickte ich die besser funktionierende Milena Moser.

»Sie sind doch der lebende Beweis dafür, dass es geht«, sagte einmal ein Mann in der ersten Reihe. »Sie haben Kinder und Sie schreiben Bücher und Sie sehen auch noch gut aus.« Seine Frau sah aus, als wollte sie mich erwürgen. Aber ich war ja gar nicht da. Ich lag immer noch zu Hause unter dem niedrigen Bett, der Lattenrost drückte gegen meine Brust und mein Gesicht, mein einziger Halt.

Irgendwann fielen mir die irritierten und besorgten Blicke auf, wenn ich von Milena Moser in der dritten Person sprach. Ich ging zu einer Psychotherapeutin und begann mühsam und schmerzlich langsam, das Fädengewirr auseinander zu klamüsern. Ich ging auch zu einer Psychiaterin, um mir etwas verschreiben zu lassen. »Es ist nicht nötig, so zu leiden«, hatte die Therapeutin gesagt.

Die Psychiaterin verschrieb gleich zwei Medikamente. Das eine sollte meine Stimmungsschwankungen ausgleichen – sie strich mit den Händen eine imaginäre Tischdecke glatt –, das andere sollte mich dämpfen – ihre Hände stauchten den Tisch auf Kinderhöhe. Plötzlich regte sich etwas in mir, ein schwacher Widerstand: Ich wollte kein Kindertisch sein.

»Ich muss mir das überlegen«, sagte ich.

»Überlegen? Da gibt es nichts zu überlegen!« Ihre Stimme klang schärfer, als es mir angebracht schien. »Ihre Depressionen sind chronisch. Wenn Sie die Medikamente nicht nehmen, werden Sie in die Klinik eingeliefert – und da, das kann ich Ihnen versprechen, fragt dann niemand mehr, was Sie wollen!«

Ihr Ausbruch erschreckte mich. Ich wich etwas zurück. »Woher wissen Sie das?«, fragte ich trotzig. »Sie kennen mich doch erst seit zehn Minuten.«

»Oh«, sagte sie verächtlich, »das sehe ich schon an der Art, wie Sie zur Tür hereinkommen!«

Ich weiß nicht, was sie aus der Art, wie ich zur Tür hinausgegangen war, schloss. Doch die kleine Flamme des Widerstands, die sie entfacht hatte, die erste Regung seit mehr als einem Jahr, wurde größer und stärker, und irgendwie zog ich mich an meinem eigenen Zopf aus dem Treibsand. Nicht, dass ich nicht oft mit Sehnsucht an diese Tabletten gedacht hätte. Nicht, dass sie nicht sinnvoll wären, notwendig, lebensrettend. Doch ich litt nun mal – bei allem Leiden – nicht an einer klinischen Depression, sondern eher an einer Alltagsverzweiflung

»So schlimm wird es nie mehr werden«, versprach meine Therapeutin. Ich hatte eigentlich gehofft, sie würde mich als geheilt bezeichnen. Endgültig und für immer. Doch Depressionen lassen sich nun mal nicht heilen. Aber es lässt sich mit ihnen leben.

In den vergangenen Jahren hatte ich Strategien entwickelt: Achterbahnfahren zum Beispiel, auf dem siebzig Jahre alten Giant Dipper in Santa Cruz. Das Fallen ins Leere, das Schreien aus vollem Hals wirkt jedes Mal.

Schaukeln, auf dem Kinderspielplatz. Hoch und höher, den Kopf zurücklegen, den Himmel vorbeisausen lassen.

Putzen – lachen Sie nicht: Welche andere Tätigkeit wird mit sofortigem und sichtbarem Erfolg belohnt?

Frische Luft.

Freundinnen.

Und natürlich Yoga. Yogash chitta-vritti-nirodhah: Yoga ist das Glätten der Wellenbewegungen des Geistes.

Yoga liefert andere Erklärungen als die westliche Psychologie – nicht bessere oder gültigere, einfach andere – für das, was T.K.V. Desikachar poetisch die Verdunkelung des Herzens nennt.

Verdunkelung des Herzens. Eine bessere Definition habe ich nie gehört.

Patanjali beschreibt fünf Aktivitäten des Geistes:

Pramana – die direkte Wahrnehmung durch die Sinne

Viparyaya – die fehlerhafte Einschätzung, die falsche Wahrnehmung

Vikalpa – Zweifel, Vorstellungen, die der Realität entbehren

Nidra – der traumlose Schlaf, das Zurückziehen des Geistes

Smriti – das Erinnern, die Erhaltung der gemachten Erfahrungen

Diese Aktivitäten, außer Nidra, spielen immer ineinander. In jedem Augenblick sind wir von einer Kombination dieser Aktivitäten beeinflusst. Wie sie zusammengesetzt sind, was überwiegt, das bestimmt unseren Geisteszustand und führt allenfalls zu Duhkha.

Duhkha ist der körperliche Schmerz, die Krankheit, und auch der seelische Schmerz, ein Gefühl des Eingeschränktseins, ein Zusammenpressen oder eben Verdunkeln des Herzens. Patanjali definiert im Sutra 2:15 verschiedene Ursachen: Parinama-tapa-samskara-duhkhair guna-vritti-virodhach cha duhkham eva sarvam vivekinah. Duhkha kann aus folgenden Gründen entstehen: aus einer veränderten Wahrnehmung einer bestimmten Situation oder Person, aus dem Verlangen, angenehme Erfahrungen zu wiederholen, und aus der starken Wirkung vergangener Konditionierung. Auch eine innerliche Veränderung des Einzelnen kann zu Duhkha führen.

Parinama-Duhkha gründet sich also auf der Unfähigkeit, Veränderungen zu erkennen oder zu akzeptieren. Tapa-Duhkha hingegen wächst aus unerfüllten Bedürfnissen und Samskara-Duhkha aus der Schwierigkeit, eine Gewohnheit aufzugeben, auch wenn sie schädlich ist.

Der Grund dieser Verdunkelung ist immer Avidya – wörtlich: das Nichtwissen, also die falsche Wahrnehmung. Avidya hindert einen daran, die Dinge so zu sehen und zu akzeptieren, wie sie sind. Es ist wie ein Schleier, durch den man alles verzerrt sieht, wie eine Vernebelung des Geistes. Avidya hat vier Komponenten:

Asmita ist das Ego, das Ich-Gefühl, das das Selbst mit etwas Äußerem verknüpft: Ich bin gelenkig. Ich bin schön. Ich bin erfolgreich.

Raga ist das Verlangen nach Dingen, die man nicht braucht, die man nicht bekommen kann, die einem nicht zustehen. (Davon ausgenommen sind allerdings Schuhe. Schuhe, auch und gerade solche, die man nicht unbedingt braucht, vertreiben das Duhkha.)

Dvesha sind Hassgefühle, ist das Ablehnen, das Zurückweisen von Menschen, Ideen, vom Leben.

Abhinivesha schließlich ist Angst, Angst vor dem Leben, Angst vor dem Altern, Angst vor dem Tod.

Diese vier Aspekte sind immer vorhanden, aber sie treten unterschiedlich stark hervor. Manchmal kann einer den anderen verdrängen, zum Beispiel kann das Ego einen zu Heldentaten anstacheln, die die Angst einem verbieten würde oder umgekehrt.

Das Verringern von Avidya ist unter anderem das Ziel von Yoga. Die Verdunkelung des Herzens zu beseitigen ist auch Thema des Buddhismus und des Vedanta, der Philosophie, die auf den Veden gründet.

Avidya und Duhkha geht man mit Kriya-Yoga an, dem Yoga des Handelns. Handeln, einmal mehr: einen Schritt machen. Egal, wie klein er ist. Kriya-Yoga setzt sich aus den letzten drei Niyamas zusammen: Tapas, Svadhyaya und Ishvara-Pranidhana. Das heißt also Asana und Pranayama, Selbstfindung durch Selbstbeobachtung, und das Ausführen von Handlungen um ihrer selbst und nicht um des Erfolgs oder der Belohnung willen. Und wie T.K.V. Desikachar es ausdrückt: »Ein bisschen Flexibilität hilft bei dem Duhkha immer.«

Avidya und Duhkha kommen und gehen. Idealerweise werden sie durch Yoga mehr und mehr vertrieben, doch man sollte sich nie zurücklehnen, die Hände reiben und

»Das hätten wir geschafft« denken. Denn das wäre schon wieder Avidya, falsche Wahrnehmung... Das Fehlen von Avidya, also die »richtige« Wahrnehmung, drückt sich in einer Klarheit, einer »zufriedenen Stille« aus, die durch nichts Äußerliches beeinflusst wird.

Diese ruhige Gewissheit kann auch mit Nirodha verglichen werden, dem Geisteszustand, den Patanjali als Yoga definiert. Nirodha ist die höchste von fünf möglichen geistigen Ebenen, auf denen sich alle vorher erwähnten Aktivitäten abspielen können. Die unterste ist Kshipta, monkey brain, wenn der Geist wie ein betrunkener Affe von Ast zu Ast torkelt. In Mudha, der zweiten Stufe, gleicht er mehr einem in Trance versunkenen, träge wiederkäuenden Wasserbüffel. Vikshipta heißt: Der Geist ist in Bewegung, verliert aber immer wieder die Richtung. In Ekagrata, der vierten Stufe, kann eine Richtung eingeschlagen und verfolgt werden. Diese Stufe entspricht dem Yoga-Spinnenbein Dharana.

Mit Hilfe von Yoga kann der Geist Stufe für Stufe zu Nirodha geführt werden, zu Konzentration, Klarheit und Stille.

Das Befreiende an den yogischen Erklärungen für Depressionen und andere geistige Verwirrungen ist, dass sie allgemeiner, weniger persönlich gehalten sind als die Erklärungen der westlichen Psychologie. Also weniger von der persönlichen Geschichte, der Kindheit zum Beispiel, den Eltern, dem Aufwachsen abhängig sind. Und im Gegensatz zur in Amerika verbreiteten Ansicht, dass Depressionen rein chemischen Ursprungs und deshalb nur chemisch zu behandeln sind, gibt einem Yoga die Möglichkeit, selbst zu handeln, eben diesen einen Schritt zu tun. Womit natürlich auf keinen Fall gesagt werden soll, dass Yoga eine Psycho-

Mein Medizinschrank

Achterbahnen
Kinderspielplätze
Blondie
Der Spazierweg zwischen Sutro Park und Baker Beach
Golden Gate Bridge
Comedy Central
Gimme Shoes
Mein Name ist Eugen
Schlampenyoga

therapie oder eine Behandlung mit Medikamenten ersetzen kann oder soll, schon gar nicht, wenn es sich um klinische Depressionen handelt. Aber Yoga kann diese westlichen Behandlungsmethoden sinnvoll ergänzen. Dass mein geistiges Kartenhaus heute einigermaßen stabil steht, verdanke ich jedenfalls Yoga.

Ich mag zwar keinen Yoga-Po haben, dafür eine Yoga-Seele.

Endlich tot sein
oder Kann man mich mal eben erlösen?

Shavasana, die Totenstellung. Einfach nur hinlegen und atmen.

Die schwierigste Übung überhaupt für jemanden wie mich, da in meinem Kopf ständig all diese Tonspuren laufen: Ich frag mich, wie spät es ist – wenn ich jetzt aufstehe, finde ich vielleicht noch einen Parkplatz – hoffentlich haben sie noch Mandelgipfel bei Klein's Delicatessen – wie lang muss ich hier noch liegen? – ist das mein Magen, der so knurrt? – ich hab doch nicht… holy shit… hätte ich nicht heute die Hundekolumne abgeben sollen, oder war das nächsten Freitag? – heute hab ich definitiv keine Zeit – ich darf nicht vergessen, die Zeitung aufzubewahren, Cyril braucht für seinen Vortrag einen Artikel – wie spät ist es? – ich glaub, da steht schon jemand auf, ich schau besser mal nach – meine Mutter klang komisch am Telefon – hoffentlich…

Oder ich schlafe im Shavasana gleich ein. Was auch nicht der Sinn der Sache ist. Aber nachvollziehbar. Vor allem, wenn man Kinder hat. Meine Freundin Pia war oft hundemüde, als ihre drei Kinder noch klein waren, und zum Trost stellte sie sich dann immer ihren Grabstein vor. Darauf stand: Endlich darf sie ausschlafen.

Wer stellt sich nicht gern seine eigene Beerdigung vor? Wer kommt, wer weint, was wird über mich ge-

sagt? Der Lady-Di-Effekt – wenn ich erst tot bin, werden mich alle lieben. Ja, dann wird es ihnen Leid tun, wie sie mich behandelt haben!

Das ist das Shavasana: der Luxus, probeweise tot zu sein. Ganz in Ruhe. Wo kriegt man das sonst?

Um fünf Uhr klingelt der Zen-Wecker, den ich für wenig Geld beim esoterischen Versandkatalog bestellt habe. Ein sanftes Om erschallt neben meinem Bett und wird immer lauter, bis ich endlich aufwache. Guten Morgen, du Schöne! Ich dehne und strecke mich genüsslich im Bett, dann werfe ich die Decke ab und springe auf. Wie gut, dass ich meine neuen Yoga-Pants aus handgesponnener Stretch-Seide schon anhabe. Nach acht Stunden traumlosen Yogi-Schlafes fühle ich mich wie neugeboren. Ich trinke ein großes Glas lauwarmes Wasser, das mir direkt aus einer heiligen Quelle geliefert wird, und begebe mich dann in mein Yoga-Zimmer. Hier darf mich niemand stören. An den Wänden hängen Bilder von Gurus und Yoga-Lehrern, von indischen Göttern und tibetischen Mönchen. Der Boden ist mit der neuesten Kollektion von Yoga-Matten ausgelegt. Ich zünde ein Räucherstäbchen an und lege die Handflächen zum Gebet zusammen.

»Ommmmmmmmm«, singe ich, und der Klang meiner Stimme erfüllt das Haus mit heiligen Schwingungen. Die Kinder lächeln im Schlaf.

Die nächsten zweieinhalb Stunden verbringe ich mit Pranayama und Meditation, außerdem mit hundertacht Sonnengrüßen und einundvierzig Brückenschlägen aus dem Stand, für jedes Lebensjahr einen. Sogar die Sonne ist so beeindruckt, dass sie heute ein bisschen früher aufgeht.

Der Tag kann beginnen. Ich werfe mein Haar zurück, bin sozusagen von innen heraus erleuchtet. Als ich die Treppe herunterkomme, streuen die Kinder Rosenblätter vor meine Füße…

Just kidding!!

Der Wecker klingelt um sechs Uhr früh, und mindestens jeden zweiten Tag schlage ich so lange auf ihn drauf, bis er Ruhe gibt oder kaputtgeht, und schlafe dann noch einmal eine Stunde. Manchmal mache ich mein Yoga später, zum Beispiel am Nachmittag. Manchmal auch gar nicht. Doch an manchen Tagen stehe ich tatsächlich um sechs auf, gehe im Pyjama die Treppe hinunter, werfe die keuchende, stinkende Gasheizung an, rolle die Matte aus – wenn ich nicht vorher am Computer hängen bleibe. E-Mail aus Europa, müssen Sie wissen, kommt hier frühmorgens an. Und das muss ich mir doch anschauen, nicht wahr? Von der Morgenzeitung ganz zu schweigen. Aber sagen wir also, ich breite die Matte aus, setze mich erst einmal hin. Reibe mir die Augen. Ein bisschen atmen. Den Kopf rollen. Guten Morgen, Milena. Was darf's denn heute sein?

Denn diese Stunde am frühen Morgen oder am Nachmittag, die gehört nur mir.

Yoga ist mein tägliches Abenteuer. Nicht meine Erlösung. Es sei denn, es ist schon Erlösung, nicht mehr auf Erlösung zu warten.

Meine ersten bezahlten Aufträge als freie Autorin hatte ich vom Schweizer Radio bekommen. Ich war vierundzwanzig, was man »allein erziehend« nennt, keine Wohnung, keinen Job, kein Geld, keinen Mann. Ich lebte bei meiner Mutter. Lino, vier Monate alt, lag auf einem Schaffell unter dem Schreibtisch, während ich lustige Sketche im Akkord schrieb, für 17 Schweizer Franken pro Sendeminute, was umgerechnet ungefähr einer Seite entspricht. »Diese Woche brauchen wir etwas über die Stadtratswahlen, die Winterolympiade und die Grippewelle«, hieß es zum Beispiel, »bis Donnerstag, wie immer, gell?«

So lernte ich nicht nur Schreiben – Szenenaufbau, Dramaturgie, Dialoge –, sondern auch, in jeder Lebenslage einen Grund zum Lachen zu finden. Stadtratswahlen, ich bitte Sie!

Vor allem aber waren das meine ersten Kontakte mit der speziellen Gattung der Journalisten. Journalisten sind Menschen, die immer alles ein bisschen früher wissen. Am liebsten entdecken sie es gleich selbst: den neuen Dies, den besten Das, den Sowieso von heute. Sie kämpfen dabei mit Deadlines und mit Selbstsabotage, sitzen und stöhnen bis zum allerletzten Moment und hacken dann in einem manischen Rausch siebenseitige Artikel in die Tastatur. Journalisten sind immer nervös um ihre Kreativität besorgt, sie sehen sie als eine unberechenbare Quelle, die jeden Augenblick versiegen könnte, als ein eigentlich unverdientes Geschenk, das ihnen jeden Augenblick wieder weggenommen werden könnte – sorry, ein Irrtum in der Administration, Sie können als Buchhalter weitermachen –, also als etwas, das nicht in ihrem Kontrollbereich liegt. Deshalb stürzen sie mit der Erleichterung eines matten Sünders auf jedes noch so weit hergeholte Heilsversprechen.

Damals, als ich im Radio »meine« ersten Journalisten kennen lernte, waren es hochdosierte Vitamine. Vor Live-Sendungen wurden Trinkampullen mit Vitamin B ausgetauscht wie illegale Drogen: »Willst du auch eine«, flüsterte man, »macht einen glasklaren Kopf. Ich könnte gar nicht mehr ohne …«

Es war ein trauriger Tag, als in der Schweiz die Dosierung

reglementiert wurde. Ich erinnere mich, wie ein Kollege in Panik durch die Stadt raste und in jeder Apotheke die letzten hochdosierten Rollen Maxivit aufkaufte. Und mir zu überhöhten Preisen weiterverdealte.

Später bestellte man Ephedrin-Tabletten aus Amerika, wo sie rezeptfrei in jedem Drugstore zu kaufen waren, harmlos als Schnupfenmittel angepriesen.

Schnupfenmittel. Right.

»Super du, da brauchst du echt gar keinen Schlaf mehr, da schreibst du durch wie Hemingway, mein Drehbuch-Exposé hab ich in sechsunddreißig Stunden hingeknallt.«

Mineralerde.

»Super du, ich sage dir, da wachsen dir die grauen Haare schwarz nach. Und vor allem: Du schreibst ganz anders. Viel, viel besser.«

Sagte ich Journalisten? Ich meinte eigentlich Schriftsteller. Ich meinte eigentlich mich selbst. Sobald ich Zugang zu diesen aufregenden, Glück bringenden Nachrichten hatte, stürzte ich mich auf jedes einzelne Versprechen.

Wie auf die Samadhi-Tanks – ein gegen Licht und Geräusche abgeschotteter sargähnlicher Behälter, gefüllt mit hautwarmem Wasser. »Wenn du da liegst, bist du wieder im Mutterleib, verstehst du, da funktioniert dein Hirn plötzlich auf einer ganz anderen Ebene, du bist also echt erleuchtet!« Oder du fröstelst und kriegst Panikattacken. War es im Mutterleib so kalt, so eng? Führt das Ich-will-hierraus-Gefühl wirklich zur Erleuchtung?

Hirnstromregulierende Sonnenbrillen. Ginkgo Biloba. Mehr Rauchen. Weniger Rauchen. Fünf Tibeter.

»Super du, die Energie, unglaublich. Das Altern wird glatt gestoppt. Du bist wieder siebzehn. Schreibst wie Truman Capote. Plus, du kannst viel mehr trinken.«

Yoga.

Und genau so schritt ich in meine erste Yoga-Stunde, mit dieser ganzen geballten Hoffnung, die sich wie das Artischockenherz von Johnny Hallyday all die Jahre immer wieder selbst erneuert hatte und nicht kleinzukriegen war, die Hoffnung, diesmal endlich erlöst zu werden.

Schön wär's.

Stattdessen ist Yoga für mich jeden Tag etwas anderes, mein tägliches Abenteuer auf der Matte. Wenn ich durchgefroren bin, wie es im nebligen Nordkalifornien häufig vorkommt, nehme ich eine heiße Dusche und mache dann im dampferfüllten, feuchtwarmen Badezimmer ein paar Übungen im Stehen. Also eigentlich Hot-Yoga – ohne Lizenz. Wenn ich da mal nicht erwischt werde.

Wenn ich mich schwach fühle, lege ich mich nach jeder Stellung in das Shavasana. Und bleibe gleich ganz liegen, vielleicht mit aneinander gelegten Fußsohlen oder über einem festen Sofakissen, wie es Gita Iyengar empfiehlt. Das Leben einer Frau ist schließlich schon hart genug.

An manchen Tagen, wenn meine Gedanken in tausend Richtungen jagen, mache ich meine eigenen Vinyasa-Kombinationen, schnell hintereinander und immer anders, bis alle Gedanken von mir abfallen.

Wenn ich mich krank fühle, gibt's nur Atemübungen.

Wenn eine Depression naht, schlage ich die Brücke sechsmal hintereinander.

Manchmal, wenn ich nachmittags eine Stunde Zeit habe, schiebe ich ein Yoga-Video in den Rekorder: Kundalini-Yoga mit Gurmukh Kaur Khalsa. Das einzige Yoga-Video, das zu ertragen ist, weil sie gleich zu Anfang den genialen Rat gibt, die Augen zu schließen – mit zum Bildschirm verrenktem Hals ist nun mal nicht gut Yoga machen. Warum hat sie dann nicht gleich ein Tonband aufgenommen? Das ist das Genie von Gurmukh – bringt mich jedes Mal zum Lachen.

Wenn ich überhaupt keine Zeit habe oder unterwegs in einem Hotelzimmer bin, mache ich Fast-Yoga, auch bekannt als Fünf Tibeter.

Manchmal, wenn die Kinder bei meinem Mann sind und er sie in die Schule bringt, rolle ich meine Matte zusammen und marschiere den Hügel hinunter ins Fitnesscenter zu Ushas frühmorgendlicher Yoga-Stunde im Aerobicsaal. Und danach ins Thinker's Café zu einem doppelten Espresso und Heidelbeermuffin.

Manchmal bin ich schwer. Klebe am Boden, kann kaum die Glieder heben. Manchmal so leicht, dass ich zu fliegen glaube. Manchmal tut mir alles weh. Manchmal kann ich das Bein strecken. Manchmal nicht.

Das Einzige, was immer gleich bleibt, ist das Eintauchen in Absicht, Atem, Bewegung – Bewegung, Atem, Absicht. Das ist Yoga. Einfach immer weiteratmen. In jeder Lebenslage. Es hilft – aber es erlöst nicht.

Auf dem Weg zu Cyrils Schule kamen wir an einem steilen, grasbewachsenen Bord vorbei, auf dem in riesigen Buchstaben aus weißen Blumen stand: Love is the Answer.

»Die Antwort auf was?«, wollte Cyril wissen, und ohne zu überlegen, nur, weil es so gut klang (ein typischer und immer schnell bereuter mütterlicher Ausrutscher), sagte ich: »Na, auf alles.«

»Ach, zwei mal zwei ist also Love? Sieben mal sieben ist Love?«

Sein Freund Aidan, der mit uns zur Schule fuhr, direkt hinterher: »Wie heißt der Präsident der Vereinigten Staaten? Love! Wie heißt die Hauptstadt von Kalifornien?«

»Love!«, schrien sie durcheinander. »Love! Love! Love!« So musste sich die Mutter der Beatles auf dem Weg zur Schule gefühlt haben.

Genau das hatte ich von Yoga erwartet: Die Antwort auf alles. Und eine Weile sogar geglaubt, dass es das war. Bis zu dem Tag, als Alice ihren Hintern zu dick fand.

Wir saßen im Garten unter den Brombeeren, tranken schwarzen Kaffee, rauchten selbst gedrehte Zigaretten. In meiner typischen Anfängerbegeisterung hatte ich mich wieder einmal darüber ausgelassen, welche Stellung sich diesmal genau wie angefühlt hatte. Doch Alice wollte über etwas anderes reden: über ihren Hintern. Genauer gesagt, über die Frage, ob dieser zu groß sei, und wenn ja, ob darin der Grund liegen könnte, dass der wunderbare Mann, den sie gerade kennen gelernt hatte (und den sie wenig später heiraten würde), immer noch seiner Exfreundin nachschmachtete, welche einen sehr kleinen Hintern hatte.

»Wie kommst du darauf, dass er ihr noch nachschmachtet«, fragte ich, diplomatisch, wie ich hoffte. Ich war irritierter, als der Situation angemessen war – schließlich nervte ich meine Freundinnen oft genug mit ähnlich bedeutungsvollen Obsessionen.

Erst als Alice sich verabschiedet hatte – sie würde sich auf dem Heimweg eine Korsett-Unterhose besorgen – und ich die Kaffeetassen ausspülte, wurde mir plötzlich klar, warum ich mich so aufregte: Weil nämlich diese Yoga-Lehrerin beim besten Willen nicht als erleuchtet bezeichnet werden konnte.

Und weil Yoga offensichtlich auch nicht die Antwort war.

Jedenfalls nicht auf lebenswichtige Fragen wie: Wie dick ist mein Hintern?

The honeymoon is over, dachte ich.

Und nun hätte ich Yoga wie einen angebissenen, wurmstichigen Apfel wegwerfen und mir eine andere Erlösung suchen sollen. Die nächste bitte! Ayurvedische Ölkuren. Schweigewochen in Big Sur. Pilates. Messerfreie Facelifts. Hormone. Spirituelles Stricken (immerhin schon mit dem Slogan »Stricken ist das neue Yoga« beworben).

Was Yoga – für mich – von allen anderen potenziellen Straßen, Schleichwegen und Abkürzungen zum Glück unterscheidet, ist eigentlich nur das: dass ich weitergemacht habe. Immer weiter. Bis heute.

Warum? Ich weiß es nicht. Ich weiß nur das: Ein Tag mit Yoga ist ein besserer Tag.

Speziellen Dank den Unbestechlichen:
Franziska Schwarzenbach
und (always) Magdalena Zschokke.

DELUXE TRI-LEG IRONING BOARD
$4999
$2999
EASY IRONING BOARD
$1499
OVER THE DOOR IORNING BOARD
$1999
$5999
Ironing Board
Basic
Ironing Board
Deluxe
Ironing Board

Verwendete Literatur

Yoga-Sutras von Patanjali
Bhagavad-Gita
Hatha-Yoga-Pradipika

Desikachar, T. K. V.: *Yoga – Tradition und Erfahrung*. Petersberg, Via Nova Verlag, 1997.

Desikachar, T. K. V.: *The Heart of Yoga – Developing a Personal Practice.* Rochester (Vermont), Inner Traditions International, 1999.

Desikachar, T. K. V.: *Yoga – Gesundheit für Körper und Geist: Leben und Lehren Krishnamacharyas*. Berlin, Theseus Verlag, 2000.

Desikachar, T. K. V. und Lakshmi Kausthub: *The Viniyoga of Yoga*. Chennai, Krishnamacharya Yoga Mandiram, 2001.

Desikachar, T. K. V.: *In Search of Mind.* Chennai, Krishnamacharya Yoga Mandiram, 2001.

Devi, Indra: *Yoga – leicht gemacht*. Rüschlikon-Zürich, Albert Müller Verlag, 1964.

Feuerstein, Georg und Stephan Bodian: *Living Yoga – A Comprehensive Guide for Daily Life*. Tarcher / Putnam, 1993.

Feuerstein, Georg und Larry Payne: *Yoga für Dummies.* Bonn, mitp Verlag, 2000.

Gopalakrishnan, Srimathy: *The Yoga Story.* Chennai, Krishnamacharya Yoga Mandiram, 2000.

Iyengar, B. K. S.: *Licht auf Yoga*. Weilheim, O.W. Barth Verlag, 1969.

Iyengar, B. K. S.: *Der Urquell des Yoga: die Yoga-Sutras des Patanjali, erschlossen für den Menschen*. Bern et al., O. W. Barth Verlag, 1995.

Iyengar, B. K. S.: *Licht auf Pranayama*. Bern et al., O. W. Barth Verlag, 2000.

Iyengar, B. K. S.: *Der Baum des Yoga*. Bern et al., O. W. Barth Verlag, 2001.

Iyengar, Gita: *Yoga für die Frau. Der Weg zu Gesundheit, Entspannung und innerer Kraft*. Bern et al., O. W. Barth Verlag, 1993.

Jeremijenko, Valerie: *How we live our Yoga*. Boston, Beacon Press, 2001.

Kausthub, Lakshmi: *The Veda Story.* Chennai, Krishnamacharya Yoga Mandiram, 2000.

Krishnamacharya, T.: *Yoganjalisaram*. In: T. K. V. Desikachar: *The Heart of Yoga – Developing a Personal Practice*. Rochester (Vermont), Inner Traditions International, 1999.

Krishnamacharya, T. (Hrsg.): *Sri Nathamuni's Yogarahasya*. Chennai, Krishnamacharya Yoga Mandiram, 2000.

Lasater, Judith Hanson: *Living your Yoga*. Berkeley (Kalifornien), Rodmell Press, 2000.

Self, Philip: *Yogi Bare – Naked Truth from America's Leading Yoga Teachers*. Nashville (Tennessee), Cypress Moon Press, 1998.

Smith, M. J. N.: *An Illustrated Guide to Asana and Pranayama*. Chennai, Krishnamacharya Yoga Mandiram, 2001.

Sparrowe, Linda und Patricia Walden: *The Woman's Book of Yoga and Health*. Boston / London, Shambhala, 2002.

Sachregister

Personenregister